돈의 마술에 넘어가도록 만드는 편향

화폐 착각

화폐 착각

초판 1쇄 발행	2016년 5월 10일
2쇄 발행	2022년 10월 15일
원 제	The Money Illusion(1928)
지은이	어빙 피셔
옮긴이	정명진
펴낸이	정명진
디자인	정다희
펴낸곳	도서출판 부글북스
등록번호	제300-2005-150호
등록일자	2005년 9월 2일
주소	서울시 노원구 공릉로63길 14, 101동 203호(하계동, 청구빌라)
	01830
전화	02-948-7289
전자우편	00123korea@hanmail.net
ISBN	979-11-5920-036-6 03320

돈의 마술에 넘어가도록 만드는 편향

화폐 착각

어빙 피셔 지음   정명진 옮김

이스라엘 국적으로 미국에서 주로 활동했던 심리학자 아모스 트버스키(Amos Tversky:1937-1996)와 미국 행동과학자 엘다 샤피르(Eldar Shafir), 미국 경제학자 피터 다이아몬드(Peter Diamond)가 1997년에 당시 MIT에서 발행하던 'The Quarterly Journal of Economics'(현재 옥스퍼드 대학에서 발간)에 발표한 논문에 실린 실험을 보자.

앤과 바바라는 대학 다닐 때의 경험이나 직업, 초봉이 똑같고 각자 겪은 인플레이션과 임금 인상 폭만 다르다.

1) 앤은 연봉이 3만 달러이고, 입사 첫해의 인플레이션은 0%였으며 2년 차에 연봉이 2% 인상되었다.

2) 바바라는 연봉이 3만 달러이고, 입사 첫해의 인플레이션은 4%였으며, 2년 차에 연봉이 5% 인상되었다.

실질 임금을 따지면, 다시 말해 인플레이션을 감안하면 앤의 임금이 바바라보다 더 높다. 앤이 받는 연봉의 구매력이 바바라의 연봉보다 더 크다는 뜻이다.

트버스키와 샤피르, 다이아몬드는 실험에 참가한 사람들에게 먼저 "경제적으로 따지면" 앤과 바바라 중 누가 더 유리한지를 물었다. 이 질문에 응답자의 71%가 앤이 더 유리하다고 대답했다. 대부분의 사람들이 실질 임금을 제대로 계산한다는 뜻이다.

이어 다른 실험 참가자들에게 앤과 바바라 중 누가 더 행복할 것 같은가 하는 질문을 던졌다. 64%가 바바라가 더 행복하다고 대답했다. 또 다른 실험 참가자들에게 이들의 직장 만족도를 물었다. 2년 차에 다른 회사로부터 스카우트 제의가 올 경우에 옮길 확률이 더 높은 사람이 누구냐는 질문에 응답자의 65%가 앤이라고 대답했다.

이 실험은 사람들이 실질 임금보다 명목 임금을 더 중요하게 여긴다는 점을 보여주고 있다. 연봉의 구매력과 연봉의 실질 인상을 보면 분명히 앤이 더 높은데도, 사람들은 앤을 바바라보다 덜 행복한 사람으로 여기는 것이다.

이처럼 화폐의 명목 가치를 구매력으로 오해하는 현상을 화폐 착각(The Money Illusion)이라 부른다. 이런 화폐 착각 때문에 연 1-2% 정도의 가벼운 인플레이션이 경제에 바람직하다는 주장도 제기된다. 고용주들이 실질 임금을 올리지 않고도 명목 임금을 약간 올림으로써 근로자들에게 소득이 늘어난 것 같은 인상을 줄 수 있기 때문이다.

화폐 착각이라는 용어를 처음 만든 사람이 바로 어빙 피셔이다. 피셔는 1919년에 발표한 '달러 안정화'(Stabilizing the Dollar)라는 글에서 화폐 착각이라는 단어를 처음 썼으며 그 후 1928년에 화폐 착각만을 다룬 이 책을 출간했다. 존 메이너드 케인스(John Maynard Keynes)도 화폐 착각 문제를 자주 거론한 것으로 알려져 있다.

현재 세계 여러 나라에서 채택하고 있는 마이너스 금리는 시민들이 돈을 은행에 넣어두지 말고 다른 투자처를 찾도록 유도하기 위한 정책이다. 그러나 실제로 보면 정책 입안자들의 기대와 달리 화폐 착각 때문에 돈이 은행 대신 개인의 금고로 흘러들어감으로써 애초의 목적을 이루지 못할 수도 있다.

화폐 착각이 워낙 강하게 작용하기 때문에, 돈이 걸린 문제에서 화폐 착각으로 피해를 보지 않으려면 끊임없는 자기 교육이 필요할 것 같다.

옮긴이

머리말

이 책은 1927년 여름 제네바 국제 연구 대학원(Geneva School of International Studies)에서 한 강의를 바탕으로 하고 있다.

이 책의 목적은 달러를 포함한 모든 통화 단위들의 구매력이 불안정한 이유를 보여주는 데에 있다. 아울러 통화 단위의 불안정을 야기하는 원인들이 무엇인지, 통화의 불안정이 어떤 부정적인 결과를 낳는지, 불안정을 해결하기 위해 지금까지 취해졌거나 제안된 처방은 어떤 것이 있었는지를 살피는 것도 이 책의 목적이다. 그러나 이 책은 어느 한 가지 처방을 최선의 것으로 제시하지 않는다. 대신에 독자들에게, 특히 비즈니스 활동을 하는 독자들에게 통화 구매력의 불안정성을 설명하는 데 주력할 것이다.

어빙 피셔

차례

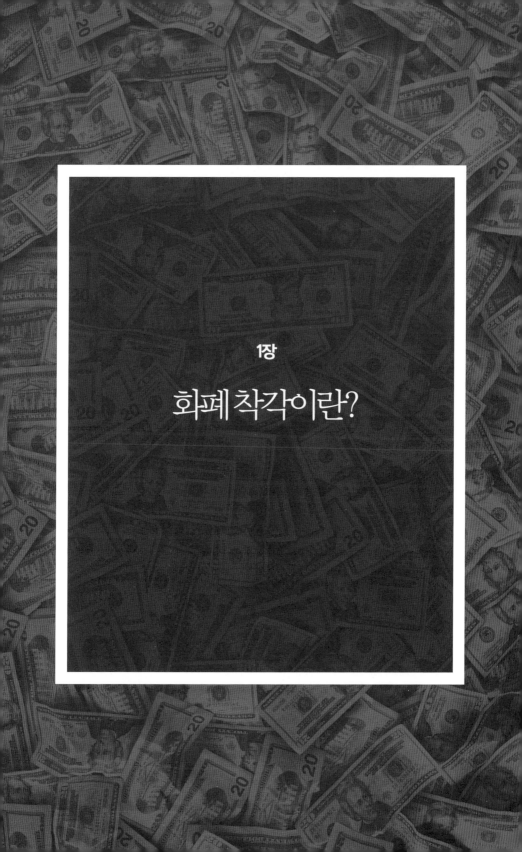

1장

화폐 착각이란?

인식의 대전환

이 글을 쓰고 있는 지금(이 책이 처음 출간된 것은 1928년이었다/옮긴이), 당신이 가진 1달러는 70센트 정도의 가치밖에 나가지 않는다. 이는 곧 전쟁(1차 세계대전을 뜻한다/옮긴이) 전의 70센트의 구매력을 의미한다. 달리 말하면, 지금 100센트로 살 수 있는 물건을 1913년에는 70센트에 살 수 있었다는 뜻이다. 지금 당신이 갖고 있는 달러는 당신이 전쟁 전에 알고 있었던 그 달러가 아니다. 달러는 언제나 똑같은 것처럼 보이지만 항상 변화하고 있다. 달러는 불안정하다. 영국의 파운드화도 불안정하고, 프랑스의 프랑화도 불안정하고, 이탈리아의 리라화도 불안정하고, 독일의 마르크화도 불안정하다. 다른 모든 화폐 단위도 마찬가지로 불안정하다. 이 같은 중대한 사실, 말하자면 화폐 단위들의 구매력이 불안정하다는 사실 때문에 중대한 문제들이 발생한다.

최근 세계대전으로 인해 물가에 격변이 일어나면서, 화폐 구매력의 변동에 따른 문제들이 새롭게 관심을 끌게 되었다. 그럼에도, 그 관심은 주로 경제적 상황을 연구하는 몇몇 사람들에게만 국한되고 있다. 보통 사람들 중에는 그런 문제들이 존재한다는 사실조차 제대로 알고 있는 사람이 별로 많지 않다.

그렇다면 거의 모든 사람이 화폐의 불안정성을 보지 못하는 이유는 무엇일까? 모든 사람에게 대단히 중요한 이런 근본적인 문제가 이제 와서야 주목을 끌게 된 이유는 무엇일까? 바로 "화폐 착각"(Money Illusion) 때문이다. 말하자면, 달러를 비롯한 모든 화폐 단위의 가치가 늘 커졌다가 줄어졌다가 하기를 반복하고 있는데도 사람들은 그 같은 사실을 제대로 파악하지 못한다는 뜻이다. 사람들은 "1달러는 1달러"라는 생각을 너무나 당연한 것으로 받아들인다. "1프랑은 1프랑일 뿐"이라는 생각과 모든 화폐는 안정적이라는 인식이 사람들의 머리를 지배하고 있는 것이다. 수 세기 전에 코페르니쿠스(Nicolaus Copernicus:1473-1543)가 등장할 때까지, 지구는 평평하고 해가 뜨고 진다는 것이 진리로 받아들여졌던 것과 다를 바가 하나도 없다. 지금은 모든 사람이 일출과 일몰은 지구의 자전에 의해 생기는 착각에 지나지 않는다는 사실을 잘 알고 있다. 그럼에도 사람들은 지금도 여전히 일출과 일몰에 대해 이야기하고, 심지어 해가 뜨고 진다는 식으로 생각하고 있다.

화폐에 대한 사고에도 지동설과 비슷한 인식의 변화가 필요하다. "높은 생활비" 앞에서, 수많은 상품의 가격이 우연히 거의 동시에 인상되었기 때문이라는 식으로 해석할 것이 아니라, 변화하는 것은 달러를 비롯한 화폐 단위라는 식으로 생각할 줄 알아야 한다.

당신의 나라에서 일어나는 화폐 착각

거의 모든 사람은 자기 나라 통화 앞에서 "화폐 착각"을 더 쉽게 일으킨다. 자국 화폐는 안정적인 것처럼 보이는 반면, 다른 나라들의 화폐가 변화하는 것처럼 보이는 것이다. 이상하게 들릴지 모르지만, 맞는 말이다. 사람들은 자국 통화의 등락보다 외국 화폐의 등락을 더 잘 본다.

예를 들어 보자. 1차 세계대전 후 미국에 사는 사람들은 독일 마르크화의 가치가 떨어졌다는 사실을 잘 알고 있었다. 그런데 정말 이상하게도 그런 사실을 알고 있는 독일인은 거의 없었다. 여하튼 내가 경제학자인 프레데릭 로만(Frederick W. Roman) 교수와 함께 유럽에서 가격 변동을 연구한 1922년까지는 확실히 그랬다.

당시에 나는 독일로 가던 길에 런던에 잠시 들러서 당시 독일 주재 영국 대사로 활동하던 대버넌 경(Lord D'Abernon)에게 조언을 청했다. 그 자리에서 대버넌 경은 이렇게 말했다. "피셔 교수님, 독일 사람들 중에 마르크화의 가치가 떨어졌다고 생각하는 사람은 아마 거의 없을 거예요." 그래서 나는 "정말 믿기 힘들군요. 미국에서는 초등학교 학생들도 다 알고 있는 사실인데."라고 말했다.

그러나 대버넌 경의 말이 맞았다. 독일인들은 물가가 오르는 것으로 생각하고 있었고, 또 금 본위제인 미국 달러의 가치가 올라가는 것으로 생각하고 있었다. 독일인들은 미국인들이 세계의 금을 매점하면서 금값을 터무니없이 올려놓고 있다고 생각하고 있었다. 그러나 독일인들에겐 마르크는 언제나 똑같은 마르크일 뿐이었다. 독일인들은 마르크가 지배하는 환경 속에서 살며 호흡하고 존재를 영위하고 있었다. 미국에 사는 사람들이 달러가 지배하는 환경 속에서 살며 호흡하고 존재를 영위하는 것과 똑같이. 로만 교수와 나는 독일 이곳저곳을 여행하다가 우연히 만난 24명의 남녀와 길게 대화를 나눴다. 그 독일인들 중에서 마르크화가 변동했다고 생각하고 있었던 사람은 딱 한 사람뿐이었다.

물론, 그때 우리와 대화를 한 다른 독일인들도 모두 물가가 올랐다는 것을 알고 있었다. 그러나 그 물가 인상이 마르크화와 관계가 있다는 생각은 그들의 머리에 절대로 떠오르지 않았다. 그들은 물가 인상을 재화들의 "수요와 공급"이나 연합국의 봉쇄, 전쟁으로 야기된 파괴, 미국의 금 비축 등 온갖 다른 이유로 설명하려 들었다. 몇 년 전에 미국에서 "높은 생활비"를 둘러싸고 논쟁이 벌어졌을 때 높은 생활비가 달러의 가치 변화와 관계 있다는 식의 설명이 전혀 나오지 않았던 것과 똑같은 현상이다.

베를린 교외에서 가게를 운영하던 매우 지적인 독일 여성과 오랫동안 대화했던 기억이 특히 오래 남는다. 그녀는 높은 물가에 대해 온갖 종류의 사소한 이유들을 제시했다. 물론 그 이유들도 물가 인상에 어느 정도 기여했을 수 있다. 그러나 가게를 운영하는 이 독일 여성은 주요 원인인 "마르크화"의 양적 증가나 지폐의 남발이 일으킨 인플레이션에 대해서는 한마디도 언급하지 않았다. 그녀는 8년 동안 늘 변동하는 마르크화에 희생당했으면서도 정작 자신에게 피해를 안긴 진짜 원인인 인플레이션에 대해서는 한 번도 의심하지 않았다.

그녀를 만났을 당시에, 독일의 인플레이션은 극심한 수준이었다. 마르크화의 가치는 전쟁 전에 비해 98% 이상 떨어져 있었다. 말하자면 마르크화의 가치가 원래 가치의 50분의 1에 지나지 않았다는 뜻이다. 다시 말해, 물가가 50배가량 뛰었다는 말이다. 그런데도 그녀는 자신에게 실제로 일어난 일의 실상에 대해 전혀 모르고 있었다. 폭리를 취하는 악덕 상인이라는 소리를 들을까 두려워하며, 그녀는 이렇게 말했다. "선생님에게 판 셔츠를 지금 다시 갖춰 놓으려면 선생님이 주신 돈을 다 지출해야 해요." 그래서 내가 낮은 가격에 셔츠를 파는 이유를 물으려 하는데, 그녀가 먼저 말을 이었다. "그래도 돈은 남아요. 그보다 낮은 가격에 샀으니까요."

그녀는 이익을 전혀 남기지 않았다. 그녀는 손해를 보았다. 그런데도 그녀는 단지 "화폐 착각" 때문에 자신이 돈을 벌었다고 생각했다. 그녀는 자신이 1년 전에 그 셔츠를 구입하면서 지급한 마르크가 내가 그녀에게 건넨 마르크와 똑같은 마르크라고 단정하고 있었다. 미국 시민들이 1년 전의 달러나 지금의 달러나 똑같다고 생각하는 것처럼 말이다. 그녀는 모든 계산을 늘 변동하는 단위인 마르크로 하고 있었다. 변동하는 단위인 마르크로 계산하면, 그녀는 정말 이익을 남긴 것으로 나타난다. 그러나 그녀가 달러로 바꿔서 계산하면, 큰 손실을 본 것으로 드러날 것이다. 또 달러로 바꾼 계산을 다시 상품을 기준으로 환산하면, 그녀가 본 손실의 규모는 더 커질 것이다. 왜냐하면 달러의 가치 역시 떨어졌기 때문이다. 〈도표 1〉은 그녀가 명목상으로 이익을 보았지만 실질적으로는 손실을 입었다는 사실을 보여주고 있다.

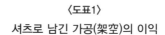

〈도표1〉
셔츠로 남긴 가공(架空)의 이익

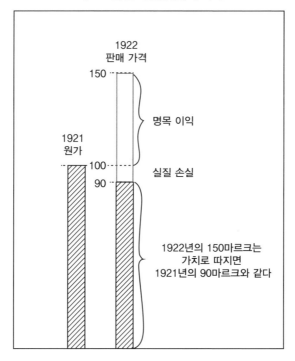

다른 나라들에서도 국민들이 자국 화폐의 안정성을 의심하지 않는 현상이 똑같이 관찰되었다. 오스트리아인과 이탈리아인, 프랑스인, 영국인들도 자기 나라 화폐의 가치는 떨어지지 않고 재화의 가치가 올랐다는 주장을 폈다.

두 국가의 화폐를 비교할 때

그렇다면 당연히 다음과 같은 현상이 벌어질 것이다. 서로 다른 화폐를 사용하는 두 나라의 주민이 두 화폐를 비교할 때, 두 사람의 생각 자체가 다르다는 사실이 확인될 것이다.

독일에서 대출을 안고 주택을 산 어느 미국 여인의 예가 이를 잘 보여주고 있다. 이 여인은 세계대전이 발발한 뒤로 2년 동안 독일과 연락을 끊고 지냈다. 그러면서 그녀는 대출을 언제나 7,000달러로 생각하고 있었다. 그 부채는 대출을 받을 당시의 독일 화폐로 환산해 2만8,000마르크였다.

그녀는 은행을 찾아가 7,000달러의 부채를 상환하고 싶다는 뜻을 전했다. 그러자 은행원은 "7,000달러가 아니고 2만8,000마르크예요. 현재 이 금액을 달러로 환산하면 250달러 정도 됩니다."라고 대답했다. 이 말에 그녀는 이렇게 말했다. "아니에

요! 저는 마르크화 폭락에 따른 혜택을 볼 생각이 없어요. 7,000달러를 내겠어요." 은행원은 문제의 핵심을 파악하지 못하고 있었다. 그래서 은행원은 그녀에게 법적으로 그럴 필요가 없다는 사실을 보여주었다. 그로서는 그녀의 망설임이 좀처럼 이해되지 않았다. 그러나 사실은 이 미국 여인도 정도가 덜하긴 했지만 달러에도 마찬가지로 변화가 일어났다는 사실을 인식하지 못하고 있었다. 그녀는 미국 달러로 생각하고 있었다. 은행원이 독일 마르크화로 생각하고 있었던 것처럼. 그녀는 250달러를 지급하려 하지 않고 계속 7,000달러를 지급하겠다고 우기고 있었다. 그러나 만약에 은행원이 그녀에게 달러 가치가 하락해 원래 부채의 구매력에 해당하는 금액이 7,000달러가 아니라 1만 2,000달러라면서 1만2,000달러를 상환할 것을 요구했다면, 그녀는 아마 화가 머리끝까지 치밀어 오르는 모습을 보였을 것이다. 그렇다면, 그녀도 문제의 핵심을 보지 못하고 있긴 마찬가지였을 것이다.

미국의 화폐 착각

따라서 미국인들도 "화폐 착각"에 관한 한 절대로 예외일 수 없다. 미국인들은 달러를 늘 변동하는 것으로 생각하는 순간 낭패감을 느끼기 십상이다. 달러의 가치를 평가할 기준으로 삼을 만한 것이 마땅히 없기 때문이다. 금 본위제(미국은 1933년에 금 본위제를 폐지했다. 지폐를 금으로 태환하는 것을 중지하고 공식적인 국제 거래에 한해서만 금으로 바꿔주는 것을 원칙으로 정한 것이다. 그러나 이 같은 준(準)금본위제도 1960년대에 지키기 어렵게 되자, 1976년에 국제 거래에 대해서도 태환을 완전히 중단했다/옮긴이)를 하는 상황에서도 달러의 구매력은 시시각각 변화하고 있다. 그럼에도 미국인들은 달러의 가치가 고정되어 있는 것으로 생각한다. 달러는 정해진 양의 금으로 바꿀 수 있다는 측면에서만 고정되어 있다. 달러로 살 수 있는 재화나 혜택의 크기라는 측면에서 보면, 달러는 절대로 고정되어 있지 않다.

아주 유능한 미국인 기업가가 몇 년 전에 나에게 이런 말을 했다. "저는 돈도 많이 벌었고, 지금도 여러 회사에서 이사로 일하고 있어요. 그런데도 나는 지금까지 그 어떤 사람도 불안정한 달러에 대해 경제 불황과 관계가 있다는 식으로 말하는 것을 듣지 못했어요. 나는 그런 생각을 절대로 믿지 않아요."

그러나 미래를 내다보는 많은 기업가들이 지금 달러의 변동성에 주목하고 있다는 사실이 신선하게 다가온다. 사람들이 대단히 높아 보이던 주식 가격에 놀라워하던 때인 1925년에, 앤드류 멜론(Andrew Mellon) 미국 재무장관은 달러의 가치가 떨어졌다는 사실을 고려하면 주식 가격은 전쟁 전에 비해 그다지 높지 않다고 지적했다. 그의 말이 맞았다. 왜냐하면 가치가 떨어진 달러는 일반적으로 상품 가격과 주식을 포함한 재산의 가격을 올리기 때문이다.

같은 해 초에 레밍턴 랜드 주식회사(Remington Rand Inc.)의 사장인 제임스 랜드(James H. Rand)도 똑같은 사실을 비교적 상세하게 지적했다. 변동하는 달러라는 주제에 오랫동안 관심을 두고 있던 그는 이따금 계산을 두 가지 방식으로 했다. 하나는 실제로 거래된 가격으로 하고, 다른 하나는 달러의 구매력이 일정하다고 볼 경우에 지불해야 하는 금액으로 환산한 가격으로 했다. 그가 이런 식으로 귀찮게 두 가지 장부를 만든 것은 베를린의 가게 여주인과 달리 불안정한 화폐로 피해를 입지 않기 위해서였다. 이런 식으로 실제 구매력으로 바꾸지 않을 경우에 우리 모두는 엉뚱하게 자기 자신을 기만하는 꼴이 된다.

인플레이션이 일어났던 1919년에, 당시 금융업계를 이끌던 어느 유명한 금융가는 달러의 진짜 가치를 바탕으로 계산한다는 아이디어에 처음으로 눈을 떴다. 그는 문제의 핵심을 파악하고는 주머니에서 메모지를 끄집어내 몇 가지 계산을 해보았다.

그런 다음에 그는 탄식하듯 말했다. "우리 은행이 예금과 대출을 크게 늘렸다고 자랑해 왔는데, 이게 뭐야! 달러 가치가 하락한 것을 반영하면 규모가 전쟁 전이나 다를 게 하나도 없잖아. 지금 물가가 전쟁 전에 비해 배 높으니까. 그 동안 자랑해 왔던 확장도 착각에 지나지 않았어."

US 스틸은 급성장을 이룬 기업으로 유명하다. 정말로 이 기업은 매우 빠른 속도로 성장했다. 그러나 그 성장 신화도 실제와 거리가 먼 것 같다. 이 기업의 현재 기록과 과거 기록을 비교할 때 달러의 가치 하락을 고려하지 않기 때문이다. 실질 성장과 외형상의 성장을 이런 식으로 서로 비교하는 방법은 어니스트 듀브룰(Ernest F. DuBrul)의 책에 자세히 소개되고 있다.

투자자들에게 적용하면

불안정한 달러라는 개념을 당신 자신에게 적용해 보자. 전쟁 전에 주식 1주에 4달러의 배당을 받았는데, 지금은 1주에 5달러를 받고 있다고 가정해 보자. 그러면 아마 당신은 현재의 배당이 전쟁 전에 비해 25% 높아졌다는 생각에 뿌듯함을 느낄 것이다. 그러나 그 배당금이 구매할 수 있는 재화의 양을 고려한다면, 생각이 크게 달라질 것이다. 실제로는 배당이 전쟁 전에 비해 12.5%나 떨어진 것으로 확인되기 때문이다.

문제의 실상을 더 깊이 들여다보도록 하자. 오늘의 달러의 가치를 엄격히 따지면, 앞에서 이미 언급한 바와 같이 1913년의 달러 가치의 70% 정도에 지나지 않는다. 말하자면, 지금의 1달러는 1913년에 1달러로 살 수 있었던 재화의 70%밖에 사지 못한다는 뜻이다. 이 수치를 이용해, 현재 당신이 받고 있는 5달러의 배당금을 1913년의 달러로 바꿔보자. 현재의 1달러는 전쟁 전을 기준으로 하면 70센트에 지나지 않는다. 따라서 당신이 현재 받는 5달러의 배당은 1913년의 가치로 따지면 3달러 50센트에 불과하다. 1913년의 달러 가치를 기준으로 하면, 당신은 그때 배당으로 한 주에 4달러를 받았지만 지금은 오히려 그때보다 적은 3달러 50센트를 받고 있다.

금융과 주식거래에 종사하는 연구원 2명이 최근에 화폐 착각이 미국 투자자들에게 의미하는 바를 간파하고 책을 통해 그 결과를 공개했다. 에드가 로런스 스미스(Edgar Lawrence Smith)의 『장기 투자로서의 보통주』(Common Stocks as Long Term Investments)와 케네스 밴 스트럼(Kenneth Van Strum)의 『구매력 투자』(Investing in Purchasing Power)가 그 책들이다. 두 연구원은 각자 독특한 방법으로 연구한 결과를 발표함으로써 보수적인 투자자들을 놀라게 만들었다. 구매력을 기준으로 판단할 경우에 미국에서조차 채권 투자가 반드시 안전한 투자가 아니라는 사실을 보여주었기 때문이다.

이유는 간단하다. 달러가 안전하지 않는 한, 달러로 지급한다는 약속은 어떤 것이든 안전하지 않기 때문이다. 당신이 약속한 달러를 회수할 수 있는 확률이 아무리 높다 하더라도, 달러의 가치는 절대로 안전하지 않다. 이 연구원들은 일부 경우에 채권 소유자들이 구매력을 기준으로 하면 이자를 받는 것이 아니라 손해를 보고 있다는 사실을 발견했다. 말하자면 일부 채권 소유자들은 실은 원금을 잃고 있었던 것이다. 그런데도 채권 소유자들은 앞에서 소개한 그 독일 가게의 여주인처럼 그런 사실을 전혀 모르고 있다.

금은 안정적인가?

기업가들의 눈앞에서 두 가지 신호가 늘 화폐 착각을 상기시키고 있음에도 불구하고, 금 본위제를 버리고 지폐 본위제를 채택한 국가에서도 화폐 착각은 아주 강하게 나타나고 있다. 그 신호란 마르크와 프랑, 크라운 등 옛 금화들의 가치가 늘 변화하고 또 외환의 시세가 늘 변화하고 있다는 사실이다. 그러나 이 두 가지 신호가 보이지 않는 금 본위제 국가들에서는 화폐 착각이 그보다 더 강하게 나타난다. 사실 그런 신호가 없다는 사실 자체가 종종 화폐가 건전하고 안정되어 있다는 점을 뒷받침하는 증거로 요란하게 제시된다.

이 안정성을 뒷받침하는 "증거"의 한 형태가 금 본위제 국가에서 "금의 가격"이 절대로 변하지 않는다는 점이다. 미국에서 순금은 온스 당 20달러 정도(정확히 20.67달러)에 팔린다. 순금은 1837년 이후로, 말하자면 1달러짜리 주화에 함유된 금의 양을 순금 1온스의 20분의 1 정도(정확히 23.22그레인)로 정한 이후로 똑같은 값을 유지했다. 당연히 이 두 숫자는 서로를 암시하지만, 다른 재화에 대한 금의 구매력이 일정하다는 사실을 보여주는 증거는 절대로 될 수 없다. 이 숫자들은 단지 금의 가치가 금을 기준으로 따져 똑같다는 것을 의미할 뿐이다.

언젠가 나는 치과의사에게 농담 삼아 치과 치료에 쓰이는 금의 가격이 올랐는지 물어본 적이 있다. 많은 사람들이 "높은 생활비" 때문에 불만을 자주 터뜨리던 때였다. 놀랍게도, 치과의사는 나의 질문을 진지하게 받아들이며 직원을 시켜 금액을 확인하도록 했다. 그 직원이 장부를 들춰본 다음에 돌아와서 말했다. "박사님, 금 가격은 똑같아요."

그러자 치과의사는 나를 향해 이렇게 말했다. "놀랄 일도 아니지 않아요? 금은 매우 안정적인 품목이어야 하니까요."

이에 나는 웃으며 이렇게 대답했다. "우유 1쿼트가 언제나 우유 2파인트 가치(1쿼트와 2파인트는 같은 양이다/옮긴이)가 나가야 하는 것만큼이나 놀라운 사실이지요."

"무슨 뜻이죠?" 그가 물었다.

이에 나는 "그렇다면 뭐가 1달러죠?"라고 되물었다.

그러자 그가 "모르겠는데요."라고 대답했다.

나는 "그게 바로 문제랍니다."라고 말했다. "1달러는 대략 금 1온스의 20분의 1입니다. 따라서 금 1온스 안에는 1달러가 스무 개 들어 있지요. 당연히 금 1온스는 20달러가 되어야 합니다. 엄격히 따지면, 달러는 무게 단위인 거죠. 온스나 다를 게 하나도 없어요. 달러는 안정적인 가치 단위, 즉 구매력으로 위장한 무게 단위인 것입니다."

결론

무게가 고정되어 있는 달러는 진정으로 안정적인 달러의 대체물로는 형편없는 달러이다. 구리의 무게로 고정하거나 카펫 길이로 고정하거나 달걀 숫자로 고정하는 것이나 다를 바가 하나도 없다. 만약에 1달러를 12개의 달걀로 정의한다면, 그 이후로 달걀의 가격은 언제나 12개에 1달러가 될 것이다. 그럼에도 불구하고, 달걀의 공급과 수요는 언제나 작동하고 있다.

예를 들어 보자. 암탉들이 알을 낳지 않으면, 달걀 값은 올라가지 않을 것이지만 그 외의 거의 모든 상품들의 가격은 떨어질 것이다. 달걀 하나로 그 전보다 더 많은 것들을 구입할 것이다. 그럼에도 화폐 착각 때문에, 사람들은 암탉들이 물가를 떨어뜨리고 경제적 곤경을 초래하고 있다는 사실에 대해서는 조금도 의심하지 않을 것이다.

그렇다면 달러를 무게가 아닌 다른 어떤 것으로 고정시켜야 할까? 틀림없이 그 해답은 구매력이다. 미국인들은 달러를 무게의 단위가 아니라 가치, 즉 구매력의 단위로 이용하고 있다. 무게 단위는 따로 있다. 파운드, 온스, 그레인, 그램 등이 무게 단위로 쓰이고 있다. 사람들은 무게를 달 때 이런 무게 단위를 이용한다. 그러나 달러는 무게를 다는 데에는 절대로 쓰이지 않는 무게 단위이다. 23.22그레인의 은이나 구리는 절대로 1달러가 아니다. 오직 23.22그레인의 금만이 1달러이다.

그럼에도 사람들에게 그레인은 무게를 의미하지만 달러는 무게를 의미하지 않는다. 우리는 달러에 대해 절대로 무게의 단위라고 생각하지 않는다. 달러를 가치의 단위로 생각한다. 1달러의 무게가 얼마나 나가는지에 대해서는 아무도 신경을 쓰지 않고 또 신경을 써야 할 이유도 없다. 달러가 살 수 있는 재화가 어느 정도인가 하는 것이 결정적으로 중요한 문제이다. 프랜시스 워커(Francis Walker: 1840-1897) 장군이 경제학자로서 말한 것처럼, "화폐의 가치는 화폐가 하는 행위에 있다". 말하자면 달러의 가치는 달러가 구입하는 재화에 있다는 뜻이다. 달러의 고정된 무게와 고정된 가치를 혼동하는 것은 자의 고정된 무게와 고정된 길이를 혼동하는 것이나 마찬가지이다. 만약에 표준국(Bureau of Standards)이 언제나 똑같은 것의 무게를 다는 척도들을 제시해야 한다면, 그 같은 조치가 그런 척도들이 동일한 길이를 갖고 있다는 것을 보장하지 못할 것이다. 그 척도들은 설탕의 무게를 재는 데는 정확히 이용될 수 있지만 옷감의 길이를 정확히 재는 데는 이용될 수 없다.

그렇다면 우리의 달러는 설탕의 무게를 정확히 재는 데에는 사용될 수 있지만 가치를 정확히 측정하는 데에는 사용되지 못한다. 그럼에도, 이 같은 사실은 화폐 착각 때문에 사람들의 눈에 드러나지 않는다.

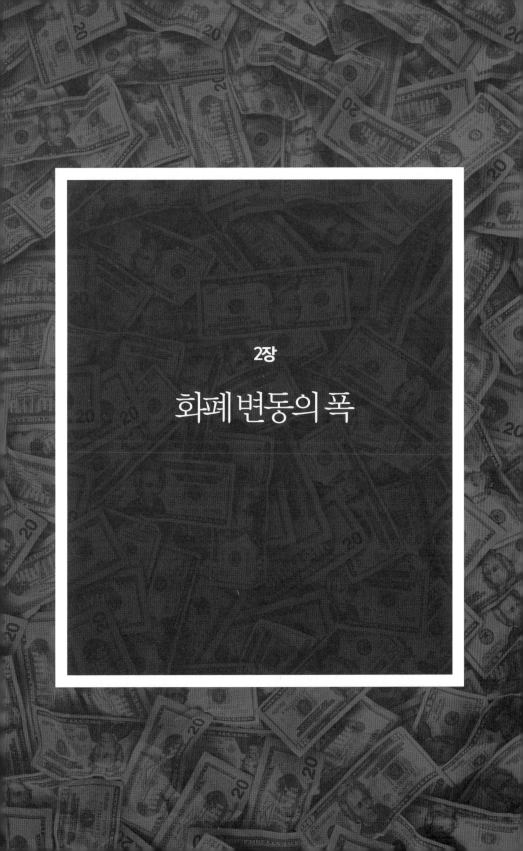

2장

화폐 변동의 폭

지수

일반 대중의 믿음과 정반대로, 달러나 프랑, 아니 모든 통화 단위는 다른 측량 단위와 달리 일정 불변하는 것과 거리가 아주 멀다. 하지만 달러의 가치가 변화한 때와 변화한 폭을 어떤 식으로 안단 말인가? 또 무슨 수단으로 화폐의 진정한 가치를 측정한단 말인가? 이에 대한 대답은 지수(指數)이다.

지수는 다수의 대표적인 재화들의 가치가 어느 한 시점에서부터 다른 한 시점까지 변화한 평균 비율을 보여준다.

1913년에 온갖 종류의 대표적인 재화, 말하자면 빵과 버터, 달걀, 우유, 의류 등의 재화로 장바구니를 하나 가득 채우는 데

1달러가 들었다고 가정하자. 그런데 1919년에는 1달러로 장바구니를 반밖에 채우지 못한다. 다시 말해, 1919년에 장바구니를 가득 채우는 데 드는 돈은 1달러가 아니라 2달러라는 뜻이다. 바구니에 담긴 재화들의 가격이 배로 뛴 것이다. 이 수치에 따르면, 1919년의 물가지수는 1913년의 배라는 계산이 나온다. 말하자면 1913년의 물가 수준을 100으로 보면, 1919년의 물가 수준은 200이라는 뜻이다.

물론 이 말은 모든 재화의 가격이 똑같이 배로 뛰었다는 뜻은 아니다. 어떤 종류의 재화는 배 이상 뛰었고, 또 어떤 종류의 재화는 배보다 적게 뛰었다. 또 몇몇 품목은 가격이 떨어지기까지 했다.

실제로, 1913년과 1919년 사이에 물가가 평균 배 올랐다. 이 가격 인상을 우리는 두 가지 방법으로 표현할 수 있다. 물가지수를 이용해 상상의 장바구니 안에 담긴 갖가지 재화의 가격이 배로 높아졌다고 하거나, 아니면 달러의 가치가 반 토막 났다고 말할 수 있는 것이다.

오늘(1928년) 달러의 가치는 1919년의 가치보다 높다. 오늘의 1달러는 1913년에 1달러로 채울 수 있었던 장바구니의 3분의 2 이상을 채울 수 있으니 말이다. 말하자면, 앞에서 언급한 바와 같이, 오늘의 1달러는 전쟁 전의 가치로 따지면 약 70센트의 가치를 지닌다.

이미 밝혔듯이, 여기서 말하는 장바구니엔 다양한 물품이 적절한 비율로 골고루 담기는 것으로 여겨진다. 그러나 실제로 보면, 장바구니에 담을 물품을 선택하면서 시장에서 거래되는 양을 적절히 반영하려고 노력하나 안 하나 별로 차이가 나지 않는다. 이런 현상이 나타나는 이유는 부분적으로 생활필수품의 대부분이 언제나 함께 올라가고 함께 내려가기 때문이기도 하고, 또 부분적으로는 다른 이유들 때문이기도 하다. 그러나 실제로 시장에서 거래되는 양을 반영하나 안 하나 지수에는 별로 차이가 나지 않는다는 사실에는 의심을 품을 것이 전혀 없다. 지수를 잘 모르는 사람들에게는 놀랍게 여겨질 수 있지만, 실제로 보면 그게 사실이다.

〈도표 2〉는 미국 노동통계국의 '회보' 181호에 공개된 숫자를 바탕으로 그린 것으로, 2개의 곡선을 보여주고 있다. 곡선 하나는 실제로 시장에서 구매하고 팔린 양을 반영한 것이고(가중(加重)지수), 다른 곡선 하나는 모든 물품에 똑같은 비중을 두면서 실제로 구매하고 팔린 양을 반영하지 않은 것이다(비(非)가중 지수). 독자 여러분은 두 개의 곡선이 언제나 함께 올라가고 내려간다는 사실을 눈으로 확인할 수 있다.

미국 노동통계국은 550개 품목의 도매가격을 기준으로 매달 물가지수를 발표한다. 나는 120개 품목을 기준으로 매주 그런 물가지수를 발표한다. 뉴욕 연방준비은행의 경제학자 칼 스나이더(Carl Snyder)는 온갖 종류의 재화와 재산, 서비스의 가격을 바탕으로 종합물가지수를 고안했다. 도매와 소매로 팔리는 상품뿐만 아니라 주식, 채권, 부동산, 임금, 집세, 운임 등도 통계 대상에 포함된다.

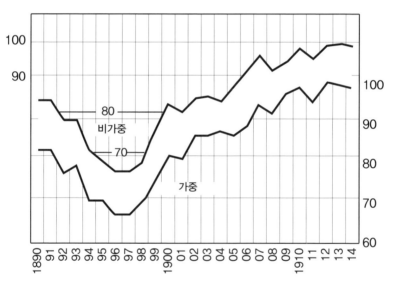

〈도표2〉
가중 지수와 비가중 지수
미국의 도매물가

지수는 통계학자나 은행의 통계 부서, 기업가, 그리고 최근에는 일반 대중 사이에 점점 더 자주 이용되고 있다. 다수의 기업과 공공 기관은 생활비 지수에 따라 임금을 조정하기도 한다. 세계 대전 후에 독일의 배상금 지급을 조정하기 위해 제시된 '도스 안'(Dawes Plan)도 지수를 어느 정도 이용한다. 1927년 제네바에서 열린 세계경제회의(World Economic Conference)는 전 세계가 공통으로 사용할 수 있는 다양한 지수를 개발할 것을 권했다.

앞에서 암시한 바와 같이, 물가지수를 거꾸로 뒤집으면 달러의 구매력을 보여주는 지수가 된다. 두 지수는 서로 시소게임을 벌인다. 물가가 올라가면 달러 구매력은 떨어지고, 물가가 내려가면 달러 구매력은 올라간다. 그렇기 때문에 거기에는 언제나 두 개의 지수가 있게 마련이다. 물가지수가 있고 또 달러의 구매력을 보여주는 지수가 있는 것이다. 두 가지 지수는 똑같은 이야기를 정반대로 들려준다.

유럽의 구매력 변동

이 지수를 역사 속의 사실들에 적용하면, 물가 수준과 화폐에 일어난 일이 고스란히 드러난다. 도대체 어떤 일이 벌어졌을까? 지수는 독일의 물가가 전쟁이 벌어지는 동안과 전쟁이 끝난 뒤에 1913년보다 1조(兆) 배 이상 뛰었다는 이야기를 들려주고 있다. 이 지수를 뒤집으면, 독일 마르크화의 구매력이 1913년의 1조 분의 1로 떨어졌다는 뜻이다. 러시아의 경우에, 물가 상승이 이보다 훨씬 덜했지만 그래도 10억 배 이상이었다. 폴란드의 경우, 물가 상승은 다시 러시아보다 훨씬 덜했지만 그래도 1백만 배가 넘었다. 오스트리아의 경우에도 물가 상승은 폴란드보다 훨씬 덜했지만 2만 배나 되었다. 이탈리아와 프랑스와 다른 몇몇 국가들의 경우에도 물가 상승은 오스트리아보다 훨씬 덜했지만 그래도 5배 내지 10배나 뛰었다. 영국과 캐나다와 미국의 경우에는 물가 상승이 이탈리아나 프랑스보다 훨씬 낮았다. 그럼에도 이들 국가들의 물가도 2배 내지 3배 뛰었다. 말하자면, 달러와 파운드의 구매력은 각각 전쟁 전의 구매력에 비해 반과 3분의 1로 떨어졌다는 뜻이다.

미국의 구매력 변동

남북전쟁(1861-1865) 동안에, 달러의 가치가 급격히 떨어졌다. 그 결과, 1865년의 달러 구매력은 1860년의 5분의 2 수준에 불과했다. 이어 달러의 구매력은 다시 높아졌다. 1865년부터 1896년까지 31년 동안에 달러의 구매력은 4배나 뛰었다. 그러다 상승세가 꺾이고 다시 떨어지기 시작했다. 1920년의 달러 구매력은 1896년의 4분의 1까지 추락했다. 마지막으로, 1920년 5월부터 1921년 6월 사이에 달러의 구매력은 전쟁 전의 40% 수준에서 전쟁 전의 70% 수준으로 급격히 상승했다. 이 모든 수치는 도매물가를 기준으로 한 것이다. 만약에 다른 종류의 물가가 포함되었다면, 극단적인 변동 폭이 다소 좁아졌을 것이다. 1921년 이후로 달러는 비교적 안정세를 유지하면서 현재(1928년)까지 작은 변동을 보이고 있다.

〈도표 3〉은 1850년부터 달러의 가치를 5년 단위로 보여주고 있다. 모든 수치는 "전쟁 전의 달러", 즉 1913년의 달러 가치를 기준으로 한 것이다.

이 도표를 보면, 독일 마르크화나 러시아 루블화의 급격한 변화와 비교하면 변동 폭이 상대적으로 심하지 않지만 달러화도 마찬가지로 큰 변화를 보였다는 사실을 확인할 수 있다. 달러의 가치가 한 세대 안에 거의 4배나 높아졌다가 그보다 더 짧은 기간에 그와 비슷한 폭으로 떨어진 다음에 1년 여 사이에 또 한 차례 큰 폭의 상승을 보였다는 사실은 달러도 안정과 거리가 대단히 멀다는 사실을 보여주고 있다. 말하자면, 금 본위제 국가인 미국에서조차도 달러의 구매력은 지폐 본위 국가들보다는 덜하지만 마찬가지로 큰 변동을 보였다는 뜻이다.

다양한 지수들의 의미

〈도표 3〉에 쓰인 지수는 도매물가를 바탕으로 한 것이지만, 결과는 소매물가 또는 온갖 종류의 재화와 서비스를 반영한 "종합"물가지수를 사용할 때와 크게 다르지 않다. 〈도표 4〉는 도매물가지수와 종합물가지수의 차이를 보여주고 있다. 서로 다른 이 지수들이 서로 아주 비슷하다는 사실은 참으로 흥미롭다. 〈도표 4〉의 도매물가지수는 〈도표 3〉에서 얻은 것이고, 종합물가지수는 칼 스나이더가 계산한 것이다.

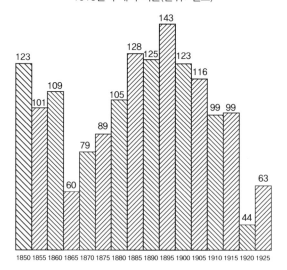

〈도표 3〉
달러의 구매력
1913년 구매력 기준(단위: 센트)

달러의 구매력

1913년 구매력 기준 (단위: 센트)

	도매물가	종합물가
1875	89	88
1880	105	102
1885	128	122
1890	125	122
1895	143	145
1900	123	122
1905	116	116
1910	99	104
1915	99	97
1920	44	52
1925	63	59

도매물가지수와 종합물가지수의 차이를 연이어 적으면 1, 3, 6, 3, 2, 1, 0, 5, 2, 8, 4센트가 된다. 가장 큰 차이가 8센트(1920년)이고, 평균 차이는 3.2센트이다. 차이가 5센트를 넘는 경우는 2번뿐이다.

달러의 안정을 보여주는 지수로 어느 것이 가장 좋은가 하는 문제는 대단히 전문적인 질문이지만, 이 도표에서 확인되듯, 최악의 경우에도 다양한 물가지수들은 서로 꽤 일치한다는 사실이 입증되고 있다. 각 지수는 극도로 불안정한 달러의 가치를 보여주고 있다.

논평

만약에 우리의 야드 자나 무게 파운드, 1부셸 바구니, 갤런이나 킬로와트가 거의 4배 가까이 줄었다가 늘어났다 하기를 반복한다면, 그 같은 사실 앞에서 사람들은 뭐라고 할까? 철도 회사가 철도에 깔 6피트짜리 침목을 주문했는데 그 물품이 인도되기 직전에 1피트의 기준이 4배 길게 바뀌었다고 상상해 보라! 아니면 대형 곡물 창고가 1,000부셸의 밀을 구입하려고 하는데 부셸 바구니가 원래 크기의 4분의 1로 줄어들었다고 상상해 보라! 그런데도 가치의 척도인 달러는 고무줄처럼 제멋대로 늘어나기도 하고 줄어들기도 한다.

세계대전이 사람들로 하여금 불안정한 달러라는 개념에 어느 정도 눈을 뜨게 만든 것은 전쟁으로 인해 세계의 거의 모든 화폐가 그 전 어느 때보다 비교가 안 될 정도로 불안정해졌기 때문이다. 그럼에도 독일의 예에서 보듯 많은 사람들이 화폐의 가치가 하락했다는 사실을 깨닫게 되려면 불과 몇 년 사이에 몇백 배의 변화가 일어나야 한다. 이렇듯, 사람들이 화폐 착각을 버리도록 만드는 것은 지극히 어려운 일이다.

　그처럼 극단적인 조건에서도, 화폐 착각은 사라지지 않는다. 독일인들은 화폐 안정성이라는 개념을 자신들의 화폐 마르크가 아니라 엉뚱하게 달러에 적용시키고 있었다. 옆 선로의 기차가 움직이는 것이 아니라 자기가 타고 있는 기차가 움직이고 있다는 사실을 돌연 깨닫게 된 여행객처럼, 평균적인 독일인들은 독일의 물가가 수백 배 오른 뒤에야 갑자기 마르크화가 떨어지고 있다는 사실을 깨달으면서 그 즉시 스위스 프랑이나 미국 달러는 안정적이라고 단정했다. 일반 대중이 처음으로 환율을 매일 주시하며 환율을 바탕으로 자국의 물가를 다시 계산하기 시작하는 것이 바로 이때이다. 그러면서 독일인들은 자신들의 짐작에 안정적인 화폐를 갖고 있는 것 같은 외국인들을 부러워하게 되었다. 그 결과, 금 본위제로 "복귀하고" 싶다는 욕구가 생겨났다. 금 본위제보다 더 훌륭한 본위제가 가능하다는 생각은 그들의 머리에 떠오르지 않기 때문이다. 따라서 마르크 지폐의 불안정성이 확인되는 순간, 독일인들은 금 본위제의 불안정성을 보지 못하게 되었다. 금이 전시 동안이나 전쟁 후에 통제되지 않은 지폐보다 훨씬 더 안정적이었다는 사실이 금 본위제를 이상(理想)처럼 보이게 만들었다. 그러나 금 본위제는 이상이 아니고 지금까지 이상이었던 적이 한 번도 없었다. 앞에 제시한 지수들이 금 본위제도 대중이 생각하는 것과 완전히 딴판이라는 점을 잘 보여주고 있다.

3장

화폐는 왜 변동하는가?

화폐와 재화의 유통

이젠 이런 의문이 생길 것이다. 왜 화폐의 구매력은 그런 식으로 변화하는가? 대답은 간단하다. "상대적 인플레이션과 디플레이션" 때문이다. 여기서 '상대적'(relative)이라는 단어를 특별히 강조하고 싶다. '상대적'이라는 단어는 인플레이션이나 디플레이션이 정해진 어느 시기 안에 일어난 거래량과 관계가 있다는 뜻을 내포하고 있다.

여기 쓰인 "화폐"라는 단어는 3가지 종류를 포함한다. 첫째, 금 본위제가 지켜지는 한, 모든 통화에 대해 교환 요구가 있는 즉시 바꿔줘야 하는 금이 있다. 둘째, 지폐가 있다. 셋째, 은행 예금, 즉 은행에 예금으로 맡겨놓고 수표를 통해 이전하는 화폐가 있다. 은행 예금, 즉 "예금 통화"는 타인들에게 받아들여질 가능성에서 지폐나 금과 다르다. 금과 지폐는 아무런 의심 없이 모든 사람에게 받아들여진다. 그러나 은행 수표는 받는 사람이 개인적으로 동의하는 경우를 제외하고는 받아들여지지 않는다.

그래도 이 예금 통화가 금이나 지폐보다 훨씬 더 중요하다. 왜냐하면 예금 통화가 재화의 교환에 훨씬 더 큰 역할을 하기 때문이다. 실제로 보면 예금 통화의 역할이 다른 화폐보다 여덟 배 내지 열 배 정도 더 크다.

어떤 사람이 누군가로부터 뭔가를 살 때마다, 이 3가지 종류의 화폐 중 어느 하나가 구매자로부터 판매자에게로 넘어간다. 반면에 재화는 판매자로부터 구매자에게로 넘어간다. 한 사회 안에서 1년 동안 일어나는 이런 돈의 흐름을 전부 다 합하면, 지급된 화폐 혹은 유통된 화폐의 전체 양을 알 수 있다. 미국의 경우에, 1년 동안에 유통되는 화폐의 양은 6,000억 달러와 1조 달러 사이이며, 대략 9,000억 달러 선이다. 현재 시중에 나와 있는 "화폐"의 전체 양(신용 포함)이 300억 달러에 지나지 않기 때문에, 화폐가 미국에서 재화의 이동에 필요한 역할을 제대로 수행하려면 30번을 회전해야 한다.

이를 더 쉽게 설명하기 위해, 1년 동안 미국에서 유통되는 재화의 총계를 300억 톤으로 가정하자. 그러면 재화 1톤이 평균 30달러에 팔린다고 가정하는 경우에 재화의 전체 흐름인 300억 톤의 재화가 9,000억 달러의 화폐의 흐름을 요구한다는 계산이 나온다.

상대적 인플레이션과 디플레이션

만약에 이 두 개의 상반된 흐름, 즉 가치로 따지면 모두 9,000억 달러인 화폐의 유통량과 재화의 유통량이 매년 서로 보조를 잘 맞춘다면, 거기엔 인플레이션도 없을 것이고 디플레이션도 없을 것이다. 말하자면 물가 수준에 전혀 아무런 변화가 일어나지 않을 수 있다는 뜻이다. 또 이 두 개의 흐름이 똑같은 비율로 커지면, 그런 경우에도 물가 수준에 아무런 변화가 일어나지 않을 것이다. 물론, 이 두 개의 흐름이 똑같은 비율로 작아질 때에도 물가에 아무런 변화가 일어나지 않을 것이다.

이런 상황, 말하자면 화폐와 재화가 나란히 보조를 맞추며 흐르거나 화폐와 재화의 흐름이 똑같이 썰물을 이루거나 똑같이 밀물을 이루는 상황은 "정상적인" 상황이라 불릴 것이다. 즉, 화폐의 흐름이 비즈니스의 성장 혹은 위축과 보조를 같이 한다는 뜻이다. "탄력적 통화"(elastic currency)라는 용어가 뜻하는 바가 바로 이런 상태이다.

그런데 이 두 가지 유통량이 이런 식으로 서로 보조를 맞추지 않으면 어떻게 될까? 예를 들어, 재화의 유통량은 매년 똑같은데(예를 들어, 300억 톤) 화폐의 유통량이 증가한다고(예를 들어, 1조2,000억 달러) 가정해 보자. 그러면 틀림없이 물가가 똑같을 수 없을 것이다. 1톤 당 30달러가 유지될 수 없을 것이란 뜻이다. 재화의 흐름의 가치가 화폐의 유통량과 같아지려면 1조 2,000억 달러가 되어야 하는데, 아직 9,000억 달러에 지나지 않기 때문이다.

간단히 말해서, 똑같은 재화에 더 많은 화폐가 지급된다면, 재화의 가격은 올라가야만 한다. 똑같은 크기의 빵 조각에 더 많은 버터를 바를 경우에 버터가 더 두껍게 발리는 이치와 똑같다. 이 예에서 버터의 두께는 곧 물가 수준을 나타내고, 빵은 재화의 양을 나타낸다.

이제는 재화의 유통량은 똑같은데 화폐의 유통량이 줄어든다고 가정해 보자. 그러면 물가가 떨어질 것이다. 만약에 더 적은 양의 버터를 갖고 똑같은 크기의 빵 조각을 발라야 한다면, 빵에 발리는 버터의 두께는 얇아질 수밖에 없을 것이다.

이번에는 화폐의 유통량은 똑같은데, 재화의 유통량이 증가

한다고 가정해 보자. 그러면 물가가 떨어질 것이다. 말하자면 더 큰 빵 조각에 같은 양의 버터를 발라야 한다면, 빵 조각에 발리는 버터의 두께가 얇아질 것이란 뜻이다.

마지막으로, 화폐의 유통량은 일정한데 재화의 유통량이 줄어든다고 가정해보자. 그러면 물가가 올라갈 것이다. 더 작은 크기의 빵에 똑같은 양의 버터를 바르면 빵에 발리는 버터의 두께가 두꺼워질 것이기 때문이다.

실제로 보면, 재화나 화폐의 유통량이 일정한 수준을 유지하는 경우는 절대로 없다. 재화의 유통량은 거의 언제나 해마다 늘어나고 있으며, 그 증가율은 꽤 일정하다. 화폐 유통량도 거의 언제나 증가하지만, 증가율이 꾸준하지 않으며 간혹 유통량이 감소하는 경우도 있다. 그러나 어떤 일이 벌어지든 유일하게 중요한 사실은, 물가 수준에 관한 한, 이 두 가지 유통량 사이의 관계이다.

따라서 우리는 다음과 같이 말함으로써 다른 가능한 예들뿐만 아니라 앞에서 소개한 4가지 예들 모두를 포함시킬 수 있다. 화폐의 유통량이 재화의 유통량에 비해 상대적으로 증가하면, 물가는 올라갈 것이다. 반대로, 화폐 유통량이 재화의 유통량에 비해 상대적으로 감소하면, 물가는 떨어질 것이다. 말하자면, 빵에 발리는 버터가 두꺼워지는가 아니면 얇아지는가 하는 문

제는 버터의 양이 빵의 크기에 비해 어느 정도인가에 좌우된다
는 뜻이다. 첫 번째의 경우에는 상대적 인플레이션이 일어날 것
이고, 두 번째의 경우에는 상대적 디플레이션이 일어날 것이다.
물가지수는 상대적 인플레이션과 상대적 디플레이션 중 어느
것이 일어나고 있는지를 수시로 보여주고 있다.

실질 소득

그러나 상대적 인플레이션 또는 상대적 디플레이션이 이야기
의 전부는 아니다. 전반적인 물가 수준의 변화와 달러 구매력의
변화를 설명하는 목적이라면, 상대적 인플레이션이나 상대적
디플레이션이 화폐 유통량 때문에 일어나는가 아니면 재화 유
통량 때문에 일어나는가, 혹은 화폐와 재화 두 가지 모두의 유
통량 때문에 일어나는가 하는 문제는 전혀 중요하지 않다. 그러
나 다음의 여러 장(章)에서 고려하게 될 인간의 행복을 포함한
다른 사항들을 논하는 목적이라면, 상대적 인플레이션이나 상
대적 디플레이션이 화폐 유통량 때문인가 재화 유통량 때문인
가 하는 문제가 아주 중요할 수 있다.

지금 화폐가 사람에게 지니는 의미는 주로 두 가지 요소에 좌

우된다. 한 가지 요소는 사람이 얻는 소득이고, 다른 한 가지 요소는 그 소득으로 구입할 수 있는 재화의 양이다. 어떤 사람의 실질 소득은 이 두 가지 요소에 좌우된다. 사람의 실질 소득은 그 사람이 받는 달러의 숫자에 1달러의 구매력을 곱한 것이다. 말하자면, 그 사람의 소득이 실제로 재화를 구매할 수 있는 힘이 실질 소득이라는 뜻이다.

실질 소득은 모든 사람에게 경제적으로 대단히 중요한 의미를 지닌다. 평균적인 사람의 실질 소득이 증가하거나 감소하는 것은 당연히 사회의 전체 실질 소득이 인구 증가보다 빨리 증가하느냐 느리게 증가하느냐에 달려 있다. 어느 나라 할 것 없이 주민 일인당 실질 소득이 경제적으로 가장 중요한 통계이다.

일인당 화폐 유통량과 재화 유통량

실질 소득은 대략 재화의 유통량에 비례하여 늘어나거나 줄어들 것이다. 따라서 국민 일인당 실질 소득의 증감은 일인당 재화 유통량의 증감을 보면 알 수 있다. 간단히 말하면, 일인당 재화 유통량을 일인당 경제적 행복을 말해주는 지표로 받아들여도 무방하다는 뜻이다.

화폐의 흐름을 국민 일인당으로 따지면, 물가가 등락하는 원인의 비중을 화폐와 재화로 나눠 파악할 수 있다. 예를 들어 보자. 만약에 일인당 재화의 흐름이 똑같다면, 물가의 변동은 전적으로 화폐의 흐름에 나타난 변화 때문이다. 만약에 일인당 화폐의 흐름이 똑같다면, 물가의 변동은 전적으로 재화의 변동에 나타난 변화 때문이다. 만약에 두 가지의 일인당 흐름이 변화했다면, 물가 수준의 변화는 화폐와 재화에 나타난 변화 때문이며 그 원인의 비중은 각각의 변동과 비례한다.

예를 들어 보자. 일인당 화폐의 흐름이 배로 커지고 일인당 재화의 흐름이 반으로 줄어들었다면, 화폐 흐름의 변화와 재화 흐름의 변화는 각각 물가를 배로 높일 것이다. 화폐가 물가에 끼친 영향은 재화가 물가에 끼친 영향과 똑같을 것이다. 그러면 두 가지 영향이 함께 작용한 결과, 물가는 4배로 뛸 것이다.

절대적 인플레이션과 디플레이션

문제를 이런 식으로 설명한 결과, 물가 수준에 변화를 일으키는 원인을 4가지로 압축할 수 있게 되었다.

1. 일인당 화폐 유통량의 증가

2. 일인당 화폐 유통량의 감소

3. 일인당 재화 유통량의 증가

4. 일인당 재화 유통량의 감소

첫 두 가지는 앞에서 정의한 "상대적 인플레이션"과 "상대적 디플레이션"(이 두 가지는 일인당 화폐 흐름의 증가와 감소를 일인당 재화의 흐름과 비교하는 것으로 설명된다)과 대조적인 것으로서, "절대적 인플레이션"과 "절대적 디플레이션"이라 불린다.

이런 개념들까지 확보하게 된 지금, 우리는 상대적 인플레이션과 상대적 디플레이션, 절대적 인플레이션과 절대적 디플레이션 같은 용어에 정확한 의미를 부여할 수 있게 되었다. 이런 용어들 덕분에, 우리는 흔히 쓰이는 "인플레이션"과 "디플레이션"이라는 용어의 모호한 의미에 만족하지 않고 생각을 더욱 명료하게 할 수 있게 되었다.

화폐가 지배한다

　대부분의 사람들은 앞에 제시한 4가지 원인 중에서 마지막 두 가지가 중요한 원인이라고 생각한다. 말하자면 물가가 오를 때, 사람들은 물가 인상이 거의 전적으로 재화가 실제로 희소하기 때문에 일어난다는 식으로 생각한다는 뜻이다. 또 물가가 내려갈 때, 사람들은 그 하락이 거의 전적으로 재화가 실제로 넘쳐나기 때문이라고 생각한다는 뜻이다. 달리 말하면, 물가 인상, 즉 "높은 생활비"는 언제나 절대적 인플레이션 때문이 아니라는 것이 일반적인 생각이다. 또 낮은 물가는 언제나 절대적 디플레이션 때문이 아니라는 것이 일반적인 생각이다.

　그러나 그런 생각을 뒷받침할 근거는 전혀 없다. 그런 생각은 주로 우리의 오랜 친구인 화폐 착각 때문에 생긴다. 말하자면 화폐 착각이 사람들로 하여금 시장의 화폐 측면을 보지 못하게 막는다는 뜻이다. 이 화폐 착각 때문에 사람들은 언제나 재화 측면만을 보게 된다. 결과적으로 사람들은 거의 언제나 엉뚱한 측면을 보고 있는 것이다.

　역사 속의 사실들을 들춰 보면, 심각했던 인플레이션이나 디플레이션은 거의 모두가 상대적이기도 하고 절대적이기도 하다. 화폐 흐름은 대단히 크게 변하는 것으로 확인되지만, 재화의 흐름, 특히 일인당 재화의 흐름은 비교적 작게 변한다. 일인당 재화의 흐름은 언제나 느리고 꾸준한 증가세를 보인다. 이 같은 주장을 뒷받침하는 사실들은 스웨덴의 구스타프 카셀(Gustave Cassel) 교수와 영국의 존 메이너드 케인스(John Maynard Keynes) 교수, 미국 캘리포니아의 홀브룩 워킹(Holbrook Working) 교수와 나를 포함한 많은 경제학자들의 글에 제시되고 있다.

독일과 러시아, 폴란드, 오스트리아 등에서 최근 일어난 인플레이션과 디플레이션 같은 극단적인 경우에, 화폐 흐름의 변화가 압도적으로 중요하다는 점에 대해선 어떤 의문도 제기되지 않을 것이다. 재화의 흐름에 관한 사실이야 어떻든, 틀림없이 화폐의 흐름이 재화의 흐름보다 훨씬 더 폭넓게 변한다. 물가 수준이 천 배 혹은 백만 배 오를 때, 그 인상은 거의 전적으로 인플레이션 때문이며, 그때 인플레이션은 상대적이기도 하고 절대적이기도 하다.

프랑스 혁명 때의 지폐에도 틀림없이 이와 똑같은 현상이 나타났을 것이다. 미국 혁명(1765년부터 1783년 사이에 미국에서 일어난 정치적 격변을 말한다. 이때 미국의 13개 주는 영국 지배에 반대하며 미합중국을 세웠다/옮긴이) 때의 "콘티넨탈"(Continental) 지폐와 남북전쟁 동안의 "그린백"(greenback:

1860년대 남북전쟁 기간에 통용되었던 지폐로 금이나 은으로 태환이 되지 않았다/옮긴이)도 마찬가지였다. 미국 혁명 때 콘티넨탈의 가치 하락이 얼마나 심했던지, 한 세기 하고도 반세기가 더 지난 지금까지도 "1 콘티넨탈의 가치도 안 돼."라는 표현에 그때의 반향이 여전히 들리고 있다.

그러나 평화의 시기에도, 그리고 미국 같은 금 본위제를 채택하고 있는 국가에서도 화폐 흐름이 압도적인 중요성을 지닌다는 사실은 그다지 널리 알려져 있지 않다.

미국의 예들

다음에 소개하는 예들은 미국 역사에 두드러졌던 인플레이션이나 디플레이션이다. 각각의 인플레이션 혹은 디플레이션은 절대적이기도 하고 상대적이기도 하며, 언제나 물가 수준을 높이거나 낮추는 중요한 요인으로 작용했다.

1. 1849–1860년의 인플레이션
캘리포니아와 오스트레일리아에서 금이 유입된 결과였다.

2. 1860~1865년의 추가 인플레이션

남북전쟁 동안에 "그린백"이 점점 더 많이 발행되었다.

3. 1865~1879년의 디플레이션

남북전쟁 후, 그린백의 양을 줄여나가다가 마지막에 금으로 태환 가능하게 만들었다.

4. 1879~1896년의 추가 디플레이션

금광의 생산량이 줄어드는 경향을 보였다. 그런 한편으로 많은 나라들 사이에 "금 수요"가 급격히 늘어났다. 금과 은을 동시에 이용하던 복 본위제를 버리고 금 본위제를 채택하려던 노력이 많은 국가에서 나타났기 때문이다.

이 시기가 특별히 흥미롭다. 왜냐하면 많은 경제학자들에게 자신이 알고 있던 원칙에 예외로 보이는 유일한 시기이기 때문이다. 그런 경제학자들 중 한 사람으로서, 나는 화폐 유통량이 그 기간에 인구 증가 속도만큼 빨리 증가했을지라도 재화 유통량이 두드러질 만큼 증가함에 따라 물가 수준을 끌어내렸다는 주장을 최근까지 폈다. 이 이론을 지지하는 책들이 출간되었다. 그러나 재화의 흐름을 대상으로 한 최근의 연구는 재화 유통량, 즉 거래량이 인구 증가만큼 빨리 증가하지 못했다는 점을 보여주고 있다. 그런 연구의 예를 들면, 칼 스나이더와 윌포드 킹 (Willford I. King)이 제시한, 생산 규모에 관한 통계가 있다. 스나이더의 수치는 1879년부터 1896년 사이에 생산량이 30% 증가했다는 점을 보여주고 있다. 한편, 이 기간에 인구는 44% 증가했다. 그렇다면 만약에 화폐 흐름이 정확히 인구 증가 속도만큼 증가했다면, 다시 말해 일인당 화폐 흐름이 일정한 수준을 유지했다면, 재화 유통량의 증가가 인구 증가를 따라잡지 못한 것이 실제로 물가를 올렸을 수 있다는 해석이 가능하다. 그러나 이 이론도 사실과 일치하지 않는다. 물가가 실제로 떨어졌기 때문이다. 그렇다면 물가 하락은 전적으로 일인당 화폐 유통량이 부족했던 탓으로 돌려져야 한다. 일인당 재화 유통량이 많은 것과는 거의 아무런 관계가 없는 것이다.

5. 1896-1914년의 추가 인플레이션

새로운 탄광들이 개발되었다. 금의 산출을 늘린 새로운 기술인 시안화법(시안화나트륨 용액에 금이 함유된 광석을 녹여 금을 추출하는 방법/옮긴이)이 도입되었다. 금이 콜로라도와 알래스카, 캐나다와 남아프리카에서 쏟아져 들어왔다.

6. 1914-1917년의 추가 인플레이션

유럽에서 지폐 인플레이션이 일어났다. 당연히 미국은 군수품과 식량의 대금을 지폐로 받지 않으려 했다. 따라서 주요 지급 수단이 금이었다. 유럽으로부터 많은 양의 금이 들어왔다. 또한 신용 인플레이션도 일어났다. 연방준비제도(Federal Reserve System)의 설립으로 인해 신용 인플레이션이 더 심해졌다. 새로운 제도로 인해 똑같은 금을 바탕으로 신용을 더 많이 창출할 수 있게 되었기 때문이다.

7. 1917-1918년의 추가 인플레이션

미국이 세계대전에 참전한 뒤, 앞의 6항에서 제시한 것과 똑같은 이유로 금 인플레이션과 신용 인플레이션이 심화되었다. 신용 인플레이션이 더 빨리 진행되었다. 이유는 대중이 미국 정부에 돈을 빌려주기 위해 은행으로부터 돈을 빌렸기 때문이다. 이 화폐, 즉 신용 통화는 기존에 존재하던 화폐가 아니었고 은행이 단순히 장부에 기입함으로써 새로 창조한 통화였다. 언젠가 나는 자유 융자(Liberty Loans: 세계대전 동안에 협상국 측을 지원하기 위해 미국에서 발행한 국채를 일컫는다/옮긴이)를 홍보하는 연설회에 참석한 적이 있다. 그때 동료 연사였던 어느 목사는 경제학을 잘 모르면서도 군중을 향해 이런 식으로 호소

했다. "미국 정부에 돈을 빌려주십시오! 자유 공채를 구입하시라는 뜻입니다. 공채를 살 돈이 없으면, 은행에 가서 빌리세요. 은행이 담보를 요구하면, 은행에서 빌린 돈으로 산 공채를 맡기겠다고 하시오. 그러면 영구 운동(永久運動)(한번 시작하면 에너지를 추가하지 않아도 운동을 영원히 계속한다는 기계의 운동을 말하는 것으로, 현실에서는 불가능하다/옮긴이)이나 마찬가지지요."

　대단히 많은 사람들이 그 조언을 따랐다. 그것은 불건전한 영구 운동 같은 것이었다. 사람들은 은행이 정부에 빌려줄 돈을 저축한 것이 아니라, 정부에 빌려주기 위해 돈을 빌렸다. 말하자면, 사람들은 실제로는 돈을 빌려주지 않았다. 은행들이 직접 정부에 융자를 해줬어야 했으며, 은행들도 빌려주기 위해 돈을 모아두고 있었던 것이 아니라 단지 장부상으로만 "예금" 기록을 남겼을 뿐이다. 당시 전쟁에 개입된 모든 국가에서 이런 가공의 융자가 성행했다. "빌려주는 사람들"은 빌려주는 행위에 가담하고 있었지만, 실제로 보면 단지 인플레이션만 일으키고 있었을 뿐이었다. 융자에 상응하는 만큼 재화의 흐름을 증대시키지 않고 돈의 흐름만 증대시키고 있었던 것이다.

8. 1918-1920년의 추가 인플레이션

전쟁이 끝난 뒤, '승리 융자'(Victory Loan: 세계대전의 비용을 충당하기 위해 1919년에 발행한 공채/옮긴이)가 똑같은 방법으로 크게 권장되었다. 이자율을 낮게 유지하기 위해, 미국 재무부가 연방준비제도에 압박을 가했다. 낮은 금리는 사업 목적이나 투기 목적의 차입을 촉진시켰다.

9. 1920-1922년의 디플레이션

그 전의 인플레이션에 대한 반발로, 신용 조건을 강화하는 조치가 따랐다.

10. 1922-1928년의 작은 변화

"비즈니스 활동이 부드럽게 이뤄지도록 돕는다"는 연방준비제도의 새로운 방침에 따른 결과이다.

망각된 어떤 공급과 수요

화폐는 물가와 전혀 관계가 없거나 거의 아무런 관계가 없다고 생각하는 사람들은 대체로 "공급과 수요가 모든 것의 가격을 결정한다."고 말한다. 어떻게 보면, 이 말도 맞을 수 있다. 그런

데 무슨 공급과 무슨 수요란 말인가? 대체로 보면 사람들은 밀과 옥수수, 설탕, 철강 등 재화의 수요와 공급에 대해서만 생각한다. 그러면서 화폐의 수요와 공급에 대해서는 완전히 망각해 버리는 것이다.

화폐의 수요와 공급은 화폐 자체로 계산한 화폐의 가격을 변화시키지 못한다. 그렇기 때문에 화폐의 수요와 공급은 다른 물건들의 가격에 영향을 미칠 것이다. 앞에서 1달러를 달걀 12개로 정한 예와 똑같다. 달걀의 수요와 공급은 달걀을 바탕으로 볼 경우에 달걀의 가격을 변화시키지 않을 것이며, 따라서 달걀을 갖고 교환할 수 있는 물건들의 가치에 영향을 미칠 것이다.

여기서 인류 최초의 교역, 즉 물물교환으로 돌아가면, 이 문제의 핵심을 더 분명하게 볼 수 있다. 밀과 돼지를 교환한다고 가정해 보자. 이때 만약에 밀의 가격이 돼지와 비교해 떨어졌다면, 그런 경우에 사람들은 밀의 가격 인하가 전적으로 밀 자체의 수요와 공급 때문이라는 식으로 말하지 않을 것이다. 밀의 가격 인하가 돼지의 수요와 공급 때문에 일어날 수도 있다는 사실이 너무나 쉽게 확인되기 때문이다.

밀과 은을 교환할 때에도 분명히 이런 현상이 나타날 것이다. 세상에는 밀의 수요와 공급도 있고 은의 수요와 공급도 있기 때문이다. 밀을 금과 교환할 때에도 똑같은 현상이 나타날 것이다. 금괴나 금화, 금화증권, 또는 금으로 태환 가능한 다른 화폐도 마찬가지이다. 만약에 금이나 다른 대체물, 이를테면 금으로 태환 가능한 화폐가 대단히 많으면, 그 반대의 상황에 비해 더 많은 금을 내놓아야만 1부셸의 밀을 살 수 있을 것이다. 화폐의 흐름이 클수록 물가 수준은 그만큼 더 높아지고, 반대로 화폐의 흐름이 적을수록 물가 수준은 그만큼 더 낮아진다.

재차 강조하지만, 금과 그 대체물, 또는 다른 종류의 화폐의 수요와 공급을 절대로 잊어서는 안 된다. 오늘날 모든 거래에 금과 그 대체물, 지폐와 은행 예금이 동원되고 있다. 화폐의 수요와 공급은 모든 거래의 가격 수준에 영향을 미치고 있음에 틀림없다. 밀의 공급이 많아지면 밀의 가격이 떨어지는 것과 똑같다. 달러의 공급이 많아지면 달러가 싸진다. 이것은 물가 수준이 조금 더 높아진다는 의미이다.

개별 물가의 변동과 종합 물가의 변동

개별 물품의 가격이 변화하는 폭 중 아주 큰 몫이 앞에 예로 든 밀처럼 그 물품의 공급과 수요 때문인 것은 사실이다. 예를 들어, 면화가 1926년에 사상 유례가 없는 풍작을 거둔 뒤에 가격이 떨어졌는데, 이 하락 중 아주 작은 부분만이 종합 물가의 수준에 나타나는 화폐 가치의 증대로 돌려질 수 있다. 밀의 가격은 종종 50% 이상 올라가기도 하고 내려가기도 한다. 그런 때에도 종합 물가 수준의 변화는 겨우 1-2%에 그친다.

이렇게 보면 이해가 쉽다. 해수면은 맹렬한 폭풍우에도 전반적으로 보면 1인치 이상 변하지 않는다. 무수한 파도들은 몇 피트씩 오르내리길 거듭하면서 멀리까지 밀려갈지라도, 해수면 전체로 보면 큰 변화가 없을 것이다. 무서운 폭풍우가 몰아치는 동안에도, 해수면은 대체로 조수의 흐름의 영향을 받는다. 경제라는 거대한 바다에서도, 수많은 가격들이 무수한 파도들처럼 올라갔다 내려갔다 하기를 반복한다. 그래도 평균 순(純)변화 폭은 대체로 아주 작다. 그러므로 우리는 파도에 해당하는 변화인 개별 물가의 변동(개별 물품의 수요와 공급의 영향을 받는다)과 조수에 해당하는 변화인 종합 물가 변동(화폐의 수요와 공급의 영향을 받는다)을 구분할 줄 알아야 한다.

여기서 빵과 버터의 예로 돌아가 보자. 버터의 평균 두께(종합 물가의 수준)는 그 빵 위의 각 지점의 두께(개별 물가의 수준)와 그리 깊은 관계가 없다. 버터의 전체 양이야 어떻든, 빵의 어느 부분에서나 버터는 두껍거나 얇을 수 있다. 버터를 빵의 일부 부위에 얇게 눌러 바르면, 다른 부위의 버터가 두꺼워지게 마련이다.

어쩌면 물가 수준을 '물가 축척(縮尺)'(scale of prices)이라고 부르는 것이 더 맞을지도 모르겠다. 지도나 사진을 그 안의 구체적인 내용물을 전혀 변화시키지 않고 그대로 일정한 비율로 확대하거나 축소하는 것처럼, 개별 물품의 가격 관계를 방해하지 않고 가격의 규모를 키우거나 축소하는 것도 가능할 것이다.

"개별 물가"와 "물가 축척"이라는 개념이 실제로 구분되었던 예가 있다. 화폐 인플레이션이 심하게 벌어지던 독일에서 가격 계산에 승수(乘數)를 이용한 것이 그런 예이다. 당시에 호텔 투숙객은 숙박비를 청구서에 기록된 수치에 승수를 곱해서 계산했다. 호텔 손님이 받아든 청구서에는 저녁 식사비 가격이 "6마르크"로, 숙박비가 "9마르크"로 되어 있었다. 그러면 손님은 돈을 지급하기 전에 이 금액을 승수로 곱해야 했다. 이 승수는 하나의 인수(因數), 즉 물가 수준 또는 물가 축척을 나타내는 지수였으며 마르크화의 가치가 떨어질 때마다 커지면서 매일 달라졌다. 그 지수는 저녁 식사의 진짜 가격과 아무런 관계가 없었으며, 노동과도, 방의 가격과도 관계가 없었다. 승수가 10만이든 100만이든, 그것은 식사 가격과 노동의 가격 혹은 방의 가격 사이의 관계에 아무런 영향을 미치지 않았다. 다만 식사비와 방값을 각각 60만 마르크와 90만 마르크에서 600만 마르크와 900

만 마르크로 바꿔놓을 뿐이다. 승수, 즉 지수는 요금표를 수시로 다시 인쇄해야 하는 수고를 덜어주었다. 투숙객이 호텔에 지급한 진짜 가격은 요금표의 가격에 승수를 곱한 것이었다.

이 원칙은 독일뿐만 아니라 미국에도 보편적으로 적용되고 있다. 거래에서 지급되는 모든 가격은 어떤 이상적인 가격을 지수로 곱한 것이다. 말하자면, 모든 가격은 부분적으로 개별 가격에 영향을 미치는 공급과 수요의 문제이고 또 부분적으로는 물가 수준에 영향을 미치는 상대적 인플레이션과 상대적 디플레이션의 문제이다.

인플레이션과 디플레이션은 어떻게 작동하나

인플레이션과 디플레이션이 물가의 인상과 하락의 원인이라고 확신할 때조차도, 인플레이션과 디플레이션이 어떤 식으로 작동하는지를 확인할 수 있는 길은 별로 없다.

이런 식으로 가정하면 이해가 쉬울 수 있다. 어떤 사람이 은행에서 융자를 받아 갑자기 많은 돈을 갖게 되었다. 그러면 이 사람은 많은 물건을 마음 놓고 구입할 수 있는 입장일 것이다. 그가 새로 얻은 구매력을 실제로 행사한다고 치자. 그때 이 사람은 분명히 물건의 가격을 어느 정도 올려놓게 된다. 이 사람과 같은 사람들이 아주 많다고 가정해 보자. 수백만 명의 사람들이 동시에 이 사람과 똑같은 행위를 하고 있다면, 자연히 물가가 올라갈 것이다. 세계대전 동안에 벌어진 일이 꼭 이랬다.

사람들은 물건을 구입하기 위해 돈을 빌린다. 그들은 은행에서 돈을 빌려 예금 구좌에 넣어둔다. 그런 다음에 수표를 끊어서 예금 구좌에서 돈이 나가도록 한다. 이 수표를 받는 사람도 똑같이 수표를 예금 구좌에 입금시킨 다음에 수표를 끊어 돈을 빼낸다. 원래 융자로 생긴 예금은 이런 식으로 순환을 거듭하면서 사용될 때마다 구입하는 물건의 값을 조금씩 끌어올리는 경향이 있다. 그런 한편, 은행이 돈을 빌려주지 않거나 다른 이유로 돈을 구하기가 힘들어질 때, 그때는 재화를 구하려는 열기가 식게 된다. 사람들이 물건 값으로 지불할 돈이 없기 때문에, 물가는 떨어질 것이다.

인플레이션과 디플레이션의 숨은 원인들

대체로 정부가 재정적으로 곤경에 처해 있을 때, 특히 전시나 전쟁으로 인해 정부의 재정적 능력이 크게 훼손되었을 때, 인플레이션이 일어난다. 전쟁은 언제나 지폐와 신용의 확장을 낳는 중요한 요인이며, 따라서 역사에서 가장 큰 물가 변동의 원인으로 꼽혀왔다.

지폐와 신용 인플레이션은 금의 가치 자체를 간접적으로 떨어뜨린다. 따라서 앞에서 확인한 바와 같이, 세계대전은 미국에 금 인플레이션을 안겨주었다. 유럽이 지폐 인플레이션을 일으켰을 때, 유럽의 금이 미국으로 흘러들어왔기 때문이다.

세계대전 동안에 미국을 비롯한 세계 곳곳에서 일어난 금 인플레이션으로 야기된 금 가치의 하락은 그 전에 다른 원인으로 일어났던 금 가치의 하락보다 훨씬 더 심각했다. 앞에서 논했듯이, 미국의 금화는 그 구매력이 전쟁 전인 1913년을 100센트로 칠 경우에 1920년에는 40센트로 떨어졌다. 이는 남북전쟁 동안에 그린백 지폐의 가치 하락과 맞먹는 변화였다.

그러나 모든 인플레이션이 전시에만 일어나는 것은 아니다. 평화의 시기에도 상당히 큰 인플레이션이 일어날 수 있다. 금 인플레이션도 평화의 시기에 일어날 수 있다. 19세기 중반에 미국 캘리포니아와 오스트레일리아에서, 19세기 말에 미국 콜로라도와 알래스카, 캐나다와 남아프리카에서 각각 있었던 것과 같은 금의 대량 발견이 이뤄지거나, 시안화법이라는 금 추출 방법처럼 야금술에 두드러진 발전이 일어나는 경우에 금 인플레이션이 일어날 수 있다.

특히 신용 인플레이션은 은행 관련 법률의 변화나 금융 관행의 변화를 통해서 평화의 시기에도 일어날 수 있다. 예를 들어, 연방준비법의 통과는 융통성 없는 미국 금융제도를 크게 개선시킨 것으로 극찬을 듣지만 그로 인해 어느 정도의 인플레이션이 일어나는 경향이 나타나게 되었다. 전쟁이 일어나지 않은 때에도, 금준비에 관한 규정을 완화하면 신용 확대가 가능해지기 때문에 인플레이션 현상이 나타날 수 있다.

디플레이션에 대해 말하자면, 디플레이션은 금광의 고갈이나 정부의 통화량 축소, 은행의 신용 제한 등으로 인해 일어날 수 있다.

지폐의 디플레이션은 전쟁 후에 금 태환을 재개하려는 노력의 일환으로 자주 일어났다. 미국에서 1865년과 1870년 사이에 있었던 디플레이션과 영국에서 전후 1918년에 일어난 디플레이션이 그런 예이다. 이탈리아도 1926년에 이와 똑같은 절차를 밟기 시작했으나 현명하게 중간에 포기했다.

요약

이 장을 정리하면, 화폐 본위를 흔드는 3가지 주요 요소는 다음과 같다. 우선 정부 정책이 있다. 전시의 정부 정책이 화폐 본위를 크게 흔들어 놓지만, 꼭 전시에만 그런 정책이 나오는 것은 아니다. 둘째로 금융 정책이 있는데, 이것은 항상 정부 정책과 연결되어 있다. 셋째로 금 생산량의 변동이 있다.

대체로 말하면, 전쟁은 엄청난 인플레이션을 일으키기 쉽다. 반면에, 엄청난 디플레이션은 전쟁 후에 일어난다. 정부가 전쟁 전의 금 본위제로 돌아가려고 노력할 때, 심각한 디플레이션이 일어난다.

인플레이션이든 디플레이션이든, 그 원인은 인간의 정책에 있다는 사실을 아는 것이 중요하다. 만약에 지도자와 국민이 화폐의 본질과 기능, 그리고 인플레이션과 디플레이션의 효과에 대해 명쾌하게 이해하고 있다면, 인간의 정책은 평화의 시기에 인플레이션이나 디플레이션을 예방하는 쪽으로 수정될 수 있을 것이다.

이 장의 중요한 결론은 두 가지이다. 하나는 전반적인 물가 수준(즉 화폐의 구매력)은 상대적 인플레이션이나 상대적 디플레이션에 의해, 말하자면 통화 유통량이 재화 유통량을 능가하거나 반대로 재화 유통량이 통화 유통량을 능가하는 현상 때문에 올라가거나 내려간다는 것이다. 다른 하나는 실제로 보면 화폐 흐름이 재화의 흐름에 비해 월등히 더 불안정하기 때문에 심각한 인플레이션이나 디플레이션의 예들 거의 모두가 상대적이었을 뿐만 아니라 절대적이었다는 점이다. 국민 일인당 재화의 흐름에 큰 변화가 일어나지 않는 가운데서도 일인당 화폐의 흐름에 절대적 증가 혹은 감소가 일어나기 때문이다.

그래서 우리는 보통 한정 형용사인 "상대적"과 "절대적"이라는 단어를 빼버리고 그냥 간단히 달러의 가치는 대체로 인플레이션을 통해 떨어지고 디플레이션을 통해 올라간다는 식으로 말할 수 있다.

4장

인플레이션과
디플레이션의 직접적 해악

화폐가 재화보다 훨씬 더 불안정하다

앞 장에서 설명했듯이, 대중은 낮은 물가 앞에서 재화가 풍족해서 그렇다고 생각하고, "높은 생활비" 앞에서 재화가 부족해서 그렇다고 상상한다. 말하자면, 대중에게 물가 수준의 하락과 상승이 일종의 재화의 풍요 또는 결핍으로 받아들여진다는 뜻이다. 그런데 정반대로, 물가 수준의 하락과 상승은 오히려 화폐의 결핍 또는 풍요를 의미한다는 것이 확인되었다. 인플레이션과 디플레이션은 단순히 상대적이지만은 않다. 인플레이션과 디플레이션은 보통 절대적이기도 하다.

이런 중요한 사실을 알고 나면, 대중의 마음속에서 물가 수준의 상승과 하락이 완전히 다른 의미를 지니게 될 것이다. 의식주를 해결할 재화나 다른 재화들이 실제로 부족해서 일어나는 "높은 생활비"는 전반적인 빈곤, 즉 일인당 실질 소득의 감소를 의미할 것이다. 그러나 인플레이션으로 야기된 "높은 생활비"는 적어도 행복의 평균적인 감소를 직접적으로 의미하지는 않는다. 달리 표현하면, 인플레이션으로 야기된 "높은 생활비"는 일인당 재화 흐름의 감소를 의미하지 않는다는 뜻이다.

예전에 1년에 2,000달러를 벌던 어떤 사람이 지금 4,000달러를 버는데 그가 구입하는 모든 물건들의 가격이 똑같이 배로 뛰었다면, 그 사람의 사정은 옛날보다 조금도 더 나아지지도 않았고 조금도 더 나빠지지도 않았다. 그가 현재 버는 1달러는 예전에 그가 벌었던 1달러가 구입했던 재화의 반을 살 수 있다. 그러나 그가 지금 예전의 1달러 대신에 2달러를 벌고 있기 때문에, 그의 실제 조건은 조금도 변하지 않았다.

1차 세계대전 전과 세계대전 동안에 많은 사람들을 경악케 했던 높은 생활비도 따지고 보면 실상은 많이 다르다. 평균 화폐 소득도 그 못지않게 높았기 때문이다. 따라서 무서울 만큼 높았던 생활비도 사람들이 일반적으로 상상하는 것과 달리 국가의 심각한 빈곤을 의미하는 것은 아니었다. 1921년의 불황도 당시에 사람들이 일반적으로 생각했던 것과 달리 제품의 과잉(재화 흐름의 과잉)이 있었다는 것을 뜻하지 않는다.

물가가 수십 억 배 뛴 독일에서도, 화폐 소득은 물가와 똑같은 비율은 아니었어도 마찬가지로 거의 수십 억 배 뛰었다. 만약에 화폐 소득이 전쟁 전과 똑같았다면, 물가 수준이 백 배 만 뛰어도 사람들이 견디지 못했을 것이다. 그 만한 물가 인상이라면 모든 독일인들에게 굶주림과 죽음을 의미했을 테니까. 실제 상황은 그처럼 나쁘지는 않았다.

장부상의 변화일 뿐이라고?

그러나 만약에 우리가 물가 변동은 주로 화폐 가치의 변동이라는 점을 인정한다면, 자연히 이런 의문이 생겨난다. 그게 어쨌다는 거지? 화폐라는 척도는 변하지만, 이 척도로 재는 물건들은 그다지 변하지 않잖아. 만약 물가가 재화의 품귀 때문이 아니라 단지 돈이 풍부해져서 배로 오른다면, 거기에 무슨 피해가 있어? 사람들이 쓸 수 있는 달러가 배로 많아져서 물건을 사는 데 배 많은 돈을 지출하는 것뿐인데. 이건 단지 장부상의 문제가 아닌가? 이것도 중요한 문제가 될 수 있어?

정말로, 모든 사람의 소득이 물가 변화에 따라 조정된다면, 그것은 전혀 문제가 아닐 수 있다. 그러나 모든 이들의 소득이 물가 변동에 따라 정확히 맞춰지는 일은 일어나지도 않고 또 일어날 수도 없다. 사람들이 일상적으로 쓰는 자가 변한다 해도, 그 변화는 그야말로 장부상의 문제일 뿐이지만 자를 사용하는 상인들을 아주 혼란스럽게 만들 것이다. 한 예로, 옷감이나 카펫, 전선을 판매하는 일에 혼돈이 일어날 것이다. 이 변화도 심각할 수 있지만, 달러라는 화폐의 자에 일어나는 변화는 다음과 같은 세 가지 이유로 우리가 흔히 알고 있는 자의 변화보다 훨씬 더 심각하다.

(1) 사람들이 흔히 알고 있는 자는 단지 자로 재는 소수의 재화의 매매에 영향을 미칠 것이다. 자의 변화는 리본 시장에는 중요하지만 밀이나 설탕, 면화, 석탄, 오일, 목재 또는 철강 시장에는 그다지 중요하지 않다. 자의 변화는 부셸이나 쿼트, 척, 파운드, 톤, 에이크, 갤런, 킬로와트 또는 일당으로 계산하는 재화나 서비스의 판매에는 영향을 미치지 않을 것이다.

한편, 화폐의 기준은 모든 거래에 영향을 미친다. 야드가 재화의 단위로 통하는 모든 거래를 보면, 거기서도 달러가 화폐 단위로 이용되고 있는 것이 확인된다. 그래서 카펫 몇 야드에 화폐 몇 달러 식으로 팔린다. 마찬가지로, 파운드와 부셸, 쿼트 혹은 다른 단위로 하는 계약도 모두 달러로 하는 계약이기도 하다. 달러는 다른 모든 단위들을 합한 것만큼 빈번하게 이용되고 있다.

우리는 야드와 파운드를 포함한 모든 재화의 단위들을 표준화하고 안정시키려고 노력한다. 재화의 단위에 변화를 줘서 대중을 속이는 일을 방지하기 위해 무게와 치수를 재는 장비에 검인을 받도록 하는 것도 그런 노력의 일환이다. 그렇다면 모든 구매와 판매에 적용되는 화폐의 단위를 안정시키는 조치의 중요성에 대해선 굳이 말할 필요조차 없을 것이다.

(2) 화폐라는 척도는 장기 계약에 이용된다. 장기 계약에서는 오늘의 달러가 미래의 달러로 교환된다. 틀림없이, 야드나 다른 단위들도 시간 약정이 따르는 계약에 쓰일 수 있다. 그러나 그런 계약은 빈도가 훨씬 낮으며, 또 덜 중요하고 기간도 훨씬 더 짧다. 미래의 밀을 팔 때처럼, 그런 계약도 일반적으로 화폐를 수반한다. 실제로 옷감을 거래하면서 현재의 야드와 미래의 야드를 달리하는 경우는 절대로 없다. 또 석탄을 거래하면서 현재의 톤과 미래의 톤을 달리하는 경우도 절대로 없다. 그러나 사람들은 미래의 달러를 위해 현재의 달러를 지급하는 계약을 끊임없이 하고 있다. 만약에 어떤 사람이 오늘 일정 금액의 달러로 융자를 받으면서 10년 후에 그 금액의 달러로 갚겠다고 약속한다면, 당신이 10년 후에 받을 달러의 가치가 떨어질 것인가

아니면 오를 것인가 하는 문제는 당신이나 그 사람에게나 똑같이 매우 중요해진다. 예를 들어, 채권 소지자에게는 10년 후 달러 가치의 변화가 대단히 중요하다.

(2)번에서 설명한 악은 (1)번에서 설명한 악보다 훨씬 더 심각하다. 몇 개월 혹은 몇 년, 몇 세대, 심지어 몇 세기까지 이어지는 장기 계약은 돈을 지급하겠다는 약속, 즉 약속어음과 주택담보대출, 사채, 철도 채권, 정부 공채, 리스, 연금, 보험, 저축예금 등 수천 억 달러에 이른다.

(3) 물리적인 자의 변화는 당장 알려질 것이다. 그러나 달러의 미묘한 변화가 끼치는 재앙적인 결과는 화폐 착각 때문에 지각되지 않는다. 문제의 원인이 눈에 보이지 않기 때문에, 문제가 더욱 심각해진다. 달러가 어떤 식으로 변화하는지를 안다면, 그 변화를 막을 조치를 어느 정도 취할 수 있다. 지금 아무 생각 없이 쓰는 단위인 달(月)에 일어나는 변화로 생길 수 있는 피해를 사전에 막고 있는 것처럼 말이다. 우리 모두는 2월은 짧은 달이고 3월은 긴 달이라는 사실을 미리 알고 있다.

이 3가지 이유, 말하자면 화폐 단위가 교환에 보편적으로 널리 쓰이고 있고 또 시간 약정이 요구되는 계약에 유일하게 쓰이고 있다는 사실과 화폐의 속임수가 눈에 보이지 않는다는 사실 때문에, 불안정한 달러는 불안정한 길이 단위나 무게 단위보다 훨씬 더 큰 피해를 안길 것이다.

채무자와 채권자 사이의 불공평

융자 계약에 닥칠 혼란에 대해 생각해 보자. 예를 들어, 인플레이션이 일어나고 물가 수준이 올라갈 때, 채권자들은 피해를 보고 채무자들은 득을 본다.

이는 얼핏 보면 결국엔 마찬가지인 것처럼 보일 것이다. 채권자가 잃는 만큼 채무자가 얻게 되니까. 사회의 평균적인 부에는 변함이 없을 것이기 때문에, 사회 전체로 보면 인플레이션이나 디플레이션이 전혀 아무런 피해를 입히지 않는다는 주장도 가능하다.

그러나 이런 식으로 바꿔 생각하면, 인플레이션과 디플레이션을 보는 인식이 달라질 것이다. 강도가 은행 금고를 털거나 당신의 집에 침입해도, 사회는 조금도 더 빈곤해지지 않는다. 그때 누군가가 강도 피해를 입은 당신에게 "당신이 잃은 것을 강도가 가져갔으니, 사회 전체로 보면 잃은 게 하나도 없어."라고 말한다면, 그 말이 당신에게 위안이 될 수 있을까?

이런 식으로 도둑질을 일삼는 달러는 특정한 사람을 노리지는 않지만 전반적으로 사람들을 속여서 빼앗고 있다. 달러를 합법적으로 소유한 사람에게서 무엇인가를 빼앗고 있는 것이다. 전반적 빈곤화가 악이 아니다. 사회적 불공평이 악인 것이다. 강도나 개인적인 사기와 달리, 달러의 도둑질엔 채권 채무에 관한 계약 사항을 침범하는 일도 전혀 일어나지 않는다. 그럼에도 법의 정신과 의도는 크게 훼손된다.

유럽의 예들

극단적인 예들이 언제나 가장 선명하게 보이는 법이다. 폴란드 의류상에 관한 이야기를 들려주고 싶다. 이 의류상은 사업을 접기로 결정하고 양복 100벌을 처분해 받은 10만 폴란드 마르카를 이자가 연 6%인, 3년짜리 "안전한" 모기지에 투자했다. 그러면서 당연히 3년 뒤에 원금 10만 마르카와 이자 18,000마르카를 확실히 돌려받을 것으로 기대했다. 그런데 3년 뒤에 그가 받은 118,000마르카가 양복 한 벌 값밖에 되지 않았으니! 명목상으로는 분명히 6%의 이자를 받았다. 그러나 실제로 보면 그 사람은 이자와 원금을 모두 잃은 셈이다.

베를린의 한 유명 교수는 저서를 팔아 약간의 돈을 모았다. 그는 투자 수익으로 안락하게 살 것을 기대하면서 소위 "안전한" 채권에 그 돈을 투자했다. 인플레이션이 끝난 시점에, 그는 평생 힘들여 글을 써서 모은 전 재산이 우표 한 장 값도 안 된다는 사실을 알게 되었다. 그럼에도 그 채권은 상환 불이행이 아니었다. 그가 망한 것은 지급 약속이 이행되지 않아서거나, 재화가 귀해져 비싸져서거나, 판단이 잘못되어서가 아니었다. 단지 인플레이션이 마르크의 구매력을 거의 제로 상태로 떨어뜨린 탓이었다.

부다페스트에서, 자선 사업을 하는 한 여인이 그런 인플레이션 피해자들을 위해 구빈원을 세웠다. 이 구빈원을 방문한 나의 친구는 작은 침실 안을 들여다볼 기회를 가졌다. 2인용 작은 침대가 놓여 있고, 세면대 대용으로 상자 위에 세숫대야가 놓여 있는 그런 공간이었다. 나의 친구는 최고 법원의 판사 두 사람이 거기에 산다는 말을 들었다. 저축한 돈을 채권과 다른 "안전한" 증권에 몽땅 투자한 사람들이었다. 그런데 통화 가치의 하락이 한때 막강했을 그들의 구매력을 거의 제로 상태로 떨어뜨린 것이다.

도스 위원회(Dawes' Committee: 제1차 세계대전에 패한 독일의 배상금 지급을 둘러싸고 벌어진 위기를 해결하기 위해 1924년에 구성된 위원회를 말한다. 미국의 부통령 찰스 도스가 책임을 맡았다. 여기서 나온 도스 플랜이 위기를 해결함에 따라, 찰스 도스는 1925년에 노벨 평화상을 수상했다/옮긴이) 앞에 증인으로 나온 한 독일인은 1,500만 독일 노동자들의 처지를 대변하는 노동자였다. 가장 필요한 것이 무엇인가 라는 질문에, 그는 "보다 안정적인 통화"라고 대답했다. 그는 노동자들의 경우에는 궂은 날을 위해 돈을 저축할 길도 없다고 말했다. 아기가 태어날 것에 대비해 의사와 간호사들에게 지급할 돈을 모을 길도 없고, 노년을 위해서나 장례 비용으로 돈을 모을 길도 없다고 하소연했다. 당시 마르크는 하룻밤 사이에 구매력의 상당 부분이 사라지곤 했다. 어떤 아내는 남편이 월급을 받는 날 회사 앞에서 기다렸다가 남편이 퇴근하는 즉시 돈을 낚아채듯 받아서 식료품 가게로 내달렸다. 물가가 조금이라도 덜 오르기 전에 물건을 사기 위해서였다.

은행에 저축을 한 수백만 명의 유럽인들이 평생 모은 돈을 한순간에 다 날려버렸다. 그러면서도 화폐 착각 때문에 인플레이션 초기 단계에 예금을 인출할 만큼 인플레이션에 대한 이해가 깊었던 사람은 거의 없었다. 아마 돈을 빼냈다 하더라도, 그 돈을 물가 변동을 이용해 수익을 남기는 방향으로 다시 투자하는 방법을 알고 있었던 사람은 더더욱 없었을 것이다.

유럽의 많은 국가에서, 세계대전 동안이나 전후의 인플레이션이 공채에 투자하고 있던 중산층 투자자 수백 만 명을 완전히 망쳐놓았다. 채권자였던 그들은 독일 마르크와 폴란드 마르카, 러시아 루블, 오스트리아 크로네의 가치 하락으로 인해 원금을 몽땅 날려버렸다. 교사와 변호사, 판사, 목사, 의사, 사무원, 저축 은행 예금자, 소규모 공채 소지자, 생명 보험 계약자 등 중산층 투자자들은 지금 "유럽의 신(新)빈곤층"이라 불리게 되었다. 안락한 은퇴생활을 기대할 만했던 이 사람들 중 일부는 지금 노년에 일용직 노동자가 되어 생계를 꾸리느라 온갖 궂은일을 다 하고 있다.

오스트리아에서 놀라운 한 예가 경제학자 제임스 하비 로저스(James Harvey Rogers) 교수에 의해 발견되었다. 이 나라에선 드문 일이 아닌데, 어느 은행은 여러 개의 제지공장을 소유하고 있었다. 이 은행은 "이익만 추구하는 악덕업자"라 불릴까 겁이 나서 기계적인 회계 체계를 채택했다. 오스트리아 크로네로 지급한 원료인 목재 펄프를 가공하면서 첫 번째 공정이 끝나면 비용으로 10%를 더 추가하고, 두 번째 공정이 끝나면 비용으로 15%를 더 추가하는 방식으로 공정이 끝날 때까지 비율을 높여감으로써 '적정한 비용 구조'를 만들어내고 있었다. 장부에 따르면, 이 제지 공장들은 모두 이익을 내고 있었다.

그러던 어느 날, 이 공장 중 하나가 불에 탔고, 매니저는 종이로 만들지 못한 펄프 재고분을 어쩔 수 없이 팔아야 했다. 그가 펄프를 구입해 재고 목록에 원가를 적고 기록한 시점과 공장에 불이 나서 펄프를 매각한 시점 사이에, 크로네의 가치가 엄청나게 떨어졌다. 그 결과, 펄프 가격도 다른 모든 물품과 마찬가지로 엄청나게 "치솟았다". 따라서 펄프를 처분했을 때, 장부상으로 보면 불에 탄 공장이 가동 중이던 다른 어느 공장보다도 더 큰 이익을 남긴 것으로 확인되었다.

그때 벌어진 일은 간단하다. 그 공장이 불에 모든 것을 잃게 되었지만, 제조 과정을 거치지 않은 펄프에 일어난 손실이 제조 과정을 거친 종이에 발생한 손실보다 적었다는 뜻이다. 그 사람들은 계산을 구매력으로 하지 않았다. 그들은 크로네가 고정되어 있지 않고 불안정한데도 마치 고정되고 안정되어 있다는 듯이 크로네로 계산했기 때문에 그런 일이 벌어질 수 있었다.

정말 이상하게도, 인플레이션이 계속 진행되고 있는 상황에서도 일반 대중은 돈이 너무 많이 풀렸다는 사실을 좀처럼 인정하지 않는다. 돈이란 것은 아무리 풍족해도 늘 모자라 보인다.

급격한 인플레이션이 시작된 후, 돈을 더 많이 풀라는 소리가 점점 더 커지는 경우도 종종 있다.

인플레이션과 관련해서 화폐 착각을 보여주는 가장 놀라운 예는 독일에서 확인될 것이다. 독일제국은행 총재는 1923년 8

월 7일 연방 의회에서 연설을 하면서 무덤덤한 목소리로 이렇게 말했다. "현재 화폐 발행액은 6경3,000조 마르크에 달한다. 며칠 후면 지금 유통되고 있는 전체 통화량의 3분의 2를 하루에 찍어야 하는 수도 있다." 정말 이상한 일은 이런 놀라운 선언 앞에서도 모두가 미지근한 반응을 보였다는 사실이다. 인플레이션이 놀라운 속도로 일어나고 있을 뿐만 아니라 가속까지 붙고 있는데도 누구 하나 그것이 어떤 결과를 낳으며 막을 내릴 것인지에 대해 신경을 쓰지 않은 것 같다.

이런 근거 없는 낙천주의는 예일 대학 출신의 유명한 작가 윌리엄 라이언 펠프스(William Lyon Phelps)가 제시한 낙천주의자에 대한 정의를 떠올리게 한다. 펠프스는 낙천주의자를 19층 창문에서 떨어지면서 땅에 부딪치기 직전에도 "지금까진 아주 좋은데!"라고 말하는 사람으로 정의하고 있다.

물론 소수의 사람들은 인플레이션 기간에 부자가 된다. 부채를 안고 있던 사람들은 인플레이션 덕분에 부채를 거의 다 갚은 것이나 마찬가지 상태가 될 것이기 때문이다. 전쟁 기간에 백만장자가 된 독일인 후고 스티네스(Hugo Stinnes)가 대표적인 예이다. 그런데 가끔 보면 인플레이션으로 돈을 번 바로 그 사람이나 가족이 디플레이션이라는 역류에 갇혀 망하는 경우가 있다. 스티네스의 상속인들이 바로 그런 예였다.

미국의 예들

　미국도 이런 악들을 피하지 못했다. 1896년에 100달러를 저축은행에 넣었던 노동자는 1920년에 원금에 4.5%의 복리 이자까지 합쳐 300달러 정도를 손에 쥐었다. 명목상으로 보면, 원금과 200달러의 이자를 정확히 돌려받았다. 이 200달러는 절약에 대한 보상처럼 보였다. 그러나 그것은 1장에서 본 그 독일 여인이 셔츠에서 남긴 "이익"과 비슷한 가공의 이익이었다. 아니면 방금 예로 든 오스트리아의 제지 공장이 챙긴 "이익"과 같았다. 늘 변동하는 달러로 따지는 엉터리 계산법 때문에 생긴 이익이었다.

　이 미국인 예금주는 1920년에 그 300달러를 지출하면서 물가가 1896년에 비해 거의 4배 가까이 뛰었다는 사실을 확인했다. 따라서 이 예금주의 300달러는 그가 원래 가졌던 100달러로 1896년에 살 수 있었던 재화의 4분의 3 정도밖에 사지 못했다. 차라리 1896년에 그 돈을 지출했더라면, 그의 형편은 지금보다 나았을 것이다. 100달러로 가구나 보석, 혹은 다른 대표적인 물품을 구입해서 1920년까지 갖고만 있었어도, 그는 그 기간에 물건을 쓰는 혜택을 누리고 그것으로 이익까지 챙길 수 있었을 것이다. 이유는 그 물건이 1896년보다 4배 가까이 비싸져 있을 것이기 때문이다. 말하자면, 그가 돈을 아껴 받은 유일한 보상은 처벌이었던 셈이다. 그는 이자만 잃은 것이 아니라 원금 일부까지 잃었다.

그것을 숫자로 더 상세하게 설명하도록 하자. 그는 1896년에 100달러를 은행에 예금했다. 그런데 1920년에 1달러의 구매력은 1896년의 구매력을 기준으로 하면 26.66센트에 지나지 않았다. 그는 1920년에 300달러를 챙겼다. 이것을 1896년의 구매력으로 따지면 300×0.2666=80달러 정도에 지나지 않는다. 요약하면, 그는 100달러를 예금했다가 약 80달러를 찾았다. 그렇다면 그는 이자는 고사하고 원금까지 20달러를 잃었다는 계산이 나온다. 이 예금자는 자제력을 발휘하며 돈을 아낀데 대한 보상은커녕 사람을 홀리는 달러 때문에 오히려 벌금을 물었다. 거기엔 이자 같은 것은 아예 있지도 않았다. 이자는 달러의 가치 하락 때문에 완전히 사라져 버렸다. 요술을 부리는 달러가 이자를 사라지게 만들었다는 사실이 믿기지 않는 독자가 있다면, 화폐착각이 지금까지 사실을 보지 못하도록 막아왔기 때문이다.

〈도표 5〉는 이 예금자가 1920년에 받은 달러의 명목상 수익과 1896년의 달러로 환산한 그의 실질 손실을 쉽게 보여주고 있다. 1896년의 달러 중에서 20달러를 잃은 것은 구매력으로 환산하면 1920년에 75달러를 잃은 것과 같다.

1896년 이전에, 미국 금융가 헤티 그린(Hetty Green)과 러셀 세이지(Russell Sage)는 낮은 이자율로 융자를 해 줘 큰돈을 벌었다. 그런데 만약에 이들이 1896년과 1920년 사이에 그런 사업을 벌였다면, 그 노력의 대가는 아마 고통과 걱정, 손실이었을 것이다. 1920년에 그들의 재산은 금융 사업을 시작했을 때보다 오히려 줄어 있었을 것이다.

　　세이지가 1896년에 100만 달러로 사업을 시작하며 연리 4.5%로 그것을 투자해 이자까지 매년 다시 투자했다고 가정해 보자. 그러면 그는 규모만 다를 뿐 저축 은행에 예금을 한 그 사람과 똑같은 상황에 처했을 것이다. 세이지는 아마 1920년의 달러로 300만 달러를 챙겼을 것이다. 그러나 이 금액은 1896년의 달러로 환산하면 80만 달러에 지나지 않을 것이다. 그 기간에 했던 모든 절약과 저축은 부자가 한 것이든 가난한 사람이 한 것이든 똑같이 아무런 보상을 받지 못하고 오히려 벌금을 무는 꼴이 되었을 것이다.

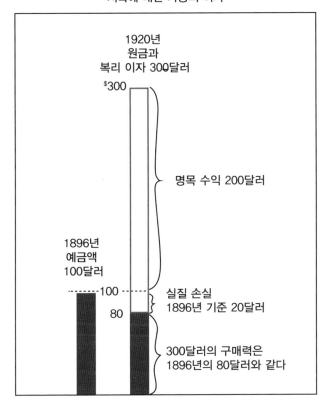

〈도표 5〉

저축에 대한 가공의 이자

1920년
원금과
복리 이자 300달러

$300

명목 수익 200달러

1896년
예금액
100달러

100

실질 손실
1896년 기준 20달러

80

300달러의 구매력은
1896년의 80달러와 같다

미국 공채와 모기지

1896년에 구입해 1920년까지 갖고 있었던 '황금' 공채는 어떤 것이든 정말로 쭉정이 공채로 확인되었다. 그럼에도 화폐 착각 때문에, 이날까지도 그 같은 사실을 아는 사람은 별로 없다. 예일 대학교는 이자가 전혀 없었던 기간에 엄청나게 큰 손실을 입었다. 그래서 이 대학교는 최근 2,000만 달러의 기부를 추가로 요청해야 했다. 제임스 에인절(James Angell) 총장이 밝혔듯이, 주로 달러의 구매력이 떨어진 데 따른 것이었다. 예일 대학교가 전쟁 발발 전인 1914년에 소유했던 공채와 모기지, 지폐 등으로 얻은 수익의 구매력을 보충하는 데만 700만 달러의 기부가 추가로 더 필요했다. 물론 기부금으로 운영되는 다른 대학교와 재단, 병원과 교회도 똑같은 손실로 힘들어 하고 있었다.

3,000만 달러의 재산을 운영하면서 "안전한" 투자를 자랑하던 어느 재산 관리인은 최근 자신이 관리하던 동안에는 돈을 한 푼도 잃지 않았다는 사실에 대해 크게 떠벌리고 있었다. 그러자 이제 막 "투자 상담"을 시작한 한 젊은이가 이 재산 관리인을 상대로 그의 자랑과는 반대로 공채와 모기지에만 투자하는 방침 탓에 원래 가졌던 재산의 3분의 2를 잃었다는 사실을 설득시키고 나섰다. 이 재산 관리인이 투자하던 동안에 달러의 가치가 그만큼 떨어졌던 것이다.

사정이 이런데도 원금이 줄어든 사실은 간과되었다. 그 사이에 소심한 이 재산 관리인은 자신의 판단에 안전한 것으로 짐작되는 곳에 투자해 얻는 이자에만 관심을 두었다. BOA의 제1

부사장인 존 로벤스키(John E. Rovensky)는 이 같은 현상을 꽤 잘 간파했다. "공채의 원금이 80% 상환될 것인지, 아니면 100% 상환될 것인지 120% 상환될 것인지 불확실한 상황에서, 금융가들이 대중에게 20년 만기 공채를 4.75%의 이자율에 팔 것인지 4.78%의 이자율에 팔 것인지를 놓고 논쟁을 벌이는 것은 정말 웃기는 일이 아닌가! 향후 10년 동안에 이자율이 내려갈 것인지 올라갈 것인지, 아니면 똑같을 것인지에 관한 연구는 산더미처럼 쏟아지고 있다. 그런데 정말 이상하게도, 원금의 가치가 10% 떨어질 것인가 아니면 올라갈 것인가 하는 문제는 순전히 운과 우연에 맡겨버린다. 그래도 다행한 것은 미국의 기업가와 금융가들이 그런 상황을 깨닫기 시작하면서 그 악 자체와 악을 치유하는 방법에 대한 연구를 지원할 태세를 취하고 있다는 점이다."

실질 금리와 화폐 금리

화폐 착각은 화폐 임금과 실질 임금의 차이를 숨기는 것과 마찬가지로 화폐 금리와 실질 금리의 차이를 가려 버린다. 물가 수준이 안정되어 있지 않은 한, 화폐로 따지는 이자율과 재화로 따지는 이자율은 같을 수 없다. 물가 수준이 연 1% 높아지면, 화폐를 기준으로 하는 5%의 금리는 화폐 구매력을 기준으로 한 4%의 금리와 같다. 물가 수준이 1% 떨어지면, 명목 금리 5%의 실질 금리는 6%가 된다.

1896년부터 1920년까지의 기간에, 실질 금리는 앞에서 이미 확인한 바와 같이 완전히 사라지고 말았다. 거의 없는 것이나 마찬가지였다. 그러나 디플레이션이 일어난 1921년에는 실질 금리가 60%나 올랐다. 한 마디로 말해서, 어느 유명한 미국인 백만장자가 부채를 지고 있던 탓에 그 동안 모은 재산 1억5,000만 달러를 거의 다 날린 것도 바로 이런 실질 금리의 인상 때문이었다.

미국 농부

이 기간에 미국 농부도 고통을 겪었다. 모두가 다 잘 알고 있듯이, 미국 농부의 고통은 아직도 끝나지 않았다. 교활하기 짝이 없는 달러가 엉뚱하게도 농민을 가혹하게 보복한 것이다. 인플레이션이 일어나고 물가가 급등하는 동안에, 미국 농민들은 큰 수익을 남길 것이라는 희망과, 말이나 돼지, 소, 옥수수를 최대한 많이 생산해 전쟁을 승리로 이끌겠다는 애국적 열정에서 경작지를 늘리고 수확을 평화시의 정상적인 수준보다 월등히 더 많이 했다. 많은 농민들은 일시적으로 늘어난 수익만큼 높아진 가격에 땅을 구입했다. 과도한 생산을 유도하는 이런 자극은 나빴다. 토지의 가치에 대한 과도한 투자는 그보다 더 나빴다. 그렇더라도 높아진 물가가 1920년 수준에서 머물렀더라면, 이 악들도 재앙적인 결과를 낳지 않고 적절히 극복될 수 있었을 것이다.

그러나 뒤이어 디플레이션이 일어났다. 2.50달러의 가격을 근거로 밀의 경작을 늘렸던 농부들은 이제 그 밀을 부셸 당 1달러에도 팔지 못하게 되었다는 사실을 깨달았다. 세계 인구의 반 정도가 밀을 간절히 필요로 하고 있고, 또 전체 인구의 10분의 1 정도가 기근으로 고통을 받고 있는 상황에서도 그런 현상이 나타났다. 이렇게 되자, 수익을 올리려는 욕심과 애국심에서 높은 가격에 농장을 구입했던 농민들은 융자를 상환할 수 없게 되었다. 그들은 무모하게 "신용"으로 구입한 땅뿐만 아니라 이미 분할 상환한 돈까지 잃게 되었다.

그러나 이것은 이야기의 시작에 불과하다. 수천 개의 은행들이 수 만 개의 농장을 넘겨받았다. 은행들이 원해서가 아니라, 은행들이 농민에게 내준 융자를 조금이라도 회수하기 위해 취할 수 있었던 조치가 그것뿐이라서 그랬다. 이런 은행들 수 백 곳이 도산했고, 은행의 도산은 제조업이나 유통업의 도산으로 이어졌다.

미망인과 고아들을 위한 "안전한" 투자

미망인들과 고아들은 "안전한" 투자의 특별한 희생자들이다. 어느 부인은 달러 가치가 아주 높았던 시기인 1892년에 아버지로부터 5만 달러를 유산으로 물려받았다. 이 돈은 신탁에 맡겨져 소위 "안전한" 공채에 투자되었다. 달러 가치가 바닥으로 떨어진 1920년에, 나는 수탁자를 방문하는 그녀를 동행했다. 수탁자는 자신이 이 돈의 투자에 신경을 얼마나 많이 쓰고 있는지에 대해 설명하기 시작했다. 이 수탁자는 부인에게 그래도 원금은 2,000달러밖에 줄지 않았다고 말했다. 이 손실도 그녀의 아버지가 철도 채권에 투자한 결과이지, 수탁자 본인의 잘못으로 일어난 것은 결코 아니라는 설명이었다.

그는 내가 자신의 설명에 재미있어 한다는 사실을 간파하고 그 이유를 물었다. 그래서 나는 이렇게 설명해주었다. "5만 달러 중에서 손실은 2,000달러뿐이라는 말씀이군요. 말하자면

4%의 손실이라는 뜻인데, 실제로 보면 75%가량의 손실이 발생했어요."

그가 말했다. "무슨 말씀이시죠? 거래 장부를 보여드릴 수도 있어요."

물론 나는 그의 정직성을 의심하지 않았다. 나는 그가 그 부인을 대신해서 운용하게 된 5만 달러는 1920년 달러의 가치로 환산하면 약 19만 달러가 된다고 설명했다. 이어 나는 이렇게 덧붙였다. "당신은 지금 19만 달러를 갖고 있지 않아요. 4만8,000달러밖에 갖고 있지 않아요. 그렇다면 거의 75%나 손실이 발생했다는 계산이 나와요. 당신은 이 부인에게 매년 2,500달러 내지 3,000달러를 지급했어요. 부인은 그 돈으로 살았어요. 당신과 부인은 그것을 소득이라고 불렀고, 두 사람 모두 부인이 이자를 받고 있다고 생각했어요. 그러나 부인은 언제나 자신의 원금을 받고 있었던 셈이지요. 부인의 원금이 애초에 지녔던 구매력을 그대로 지키려면, 당신은 원금의 가치 하락에 대비해 감채기금 같은 역할을 하도록 해마다 충분한 소득을 재투자해야 했어요. 설령 당신이 부인에게 지급한 돈을 재투자했더라도, 당신은 지금 19만 달러를 갖고 있지 못했을 겁니다. 더욱이, 당신이 부인에게 해마다 지급한 2,500달러 내지 3,000달러는 처음에 비해 지금은 4분의 1의 가치밖에 나가지 않아요. 이 부인의 소득과 원금의 가치가 당신이 돈을 맡았을 때에 비해 4분의 1에 지나지 않듯이, 채권 소유자의 '안정적인' 수입은 환상이고 함정이랍니다. 불안정한 달러가 유통되고 있는 한, 그렇습니다. 당신의 장부는 모두 엉터리지요. 당신과 부인을 속이고, 또 심지어 이자와 원금을 뒤섞기도 하는 엉터리 단위를 이용하고 있기 때문이랍니다. 달러도 독일의 마르크화 못지않게 엉터리이고 또 변동하는 단위입니다. 오늘의 5만 달러는 1892년의 5만 달러와 절대로 같지 않아요. 오늘의 5만 마르크가 1892년의 5만 마르크와 같지 않은 것과 똑같지요."

그도 결국 이 같은 사실을 인정했다. 그러면서도 이 말만은 잊지 않았다. "그건 저의 잘못이 아닙니다."

그래서 나는 이렇게 대답했다. "당신이 개인적으로 잘못한 것은 아니지만, 미망인과 고아들의 재산을 관리하는 당신 같은 사람들은 이런 중요한 문제에 관심을 가져야 합니다. 전반적으로 모든 사람의 이해관계가 걸린 문제이다 보니 구체적으로 이 문제에 주의를 기울이는 사람이 아무도 없는 거죠."

그가 되물었다. "하지만 모든 사람들이 높은 생활비로 똑같이 피해를 보고 있어요. 그렇지 않습니까?"

이에 나는 "아뇨."라고 대답했다. "부인이 잃은 것을 다른 사람이 챙겼어요. 하지만 이 엄청난 도박에서 그 사람들이 부인의 돈을 딴 것도 그들의 잘못이 아닙니다. 부인이 돈을 잃은 것이 당신의 잘못이 아닌 것과 마찬가지지요. 그것은 불안정한 달러의 잘못입니다. 그것은 곧 요동치는 가치 척도를 바로잡지 않은 우리 모두의 잘못이라는 뜻이지요."

그가 다시 물었다. "부인이 잃은 돈을 딴 사람은 누구죠?"

이 질문에 나는 이렇게 대답했다. "부인은 채권자, 즉 채권 소유자입니다. 그 돈을 딴 사람은 채무자인 주주들이지요."

"그 돈을 누가 챙겼다고?"

주주와 채권 소유자의 운(運)이 서로 어떤 식으로 갈리는지를 쉽게 확인하기 위해, 어느 회사가 전쟁 전인 1913년을 기준으로 주식을 1억 달러 발행하고 채권을 1억 달러 발행했다고 가정해 보자. 주식의 배당률과 채권의 이자율은 각각 5%이다. 말하자면, 이 회사가 주식에 대한 배당과 채권에 대한 이자로 500만 달러를 지급한다는 뜻이다. 그래서 전쟁 전에 이 회사는 두 부류의 투자자들에게 총 1,000만 달러를 지급했다. 편의상 이 돈을 수익이라고 부르자. 여기서 달러의 구매력이 반으로 줄어들면, 말하자면 물가 수준이 배로 뛰면 어떤 일이 벌어지는지 보자(실제로 1913년과 1919년 사이에 물가가 배로 뛰었다). 이 회사의 사업 규모는 전후에도 전쟁 전과 똑같은데 물가만 배로 뛰었다고 가정하자. 그러면 달러로 표시되는 이익도 배로 늘어날 것이다. 왜냐하면 비용과 수입액이 똑같이 배로 뛰는 경우에 이 두 요소의 차이 또한 배로 커질 것이기 때문이다. 그러면 주식과 채권에 돌아갈 수익도 1,000만 달러가 아닌 2,000만 달러가 될 것이다. 그러나 명목상으로 보면 2,000만 달러의 수익은 원래의 1,000만 달러보다 배 커지겠지만, 실질 가치를 따지면 2,000만 달러 수익은 원래의 1,000만 달러나 똑같을 것이다.

여기서 중요한 반전이 일어난다. 이 2,000만 달러가 1,000만 달러의 수익이 발생했던 때와 달리 채권 소유자와 주주 사이에 똑같이 나눠지지 않을 것이다. 왜 그럴까? 채권 소유자들은 이자율 5%라는 계약에 얽매이기 때문이다. 그들은 2,000만 달러의 이익 중에서 그 전과 똑같이 500만 달러만 챙기게 될 것이다. 이는 명목상으로 따지면 예전과 똑같지만 실질 가치를 따지면 그 전의 반에 지나지 않는다. 2,000만 달러 중에서 채권 소유자들에게 지급하고 남은 돈(1,500만 달러)은 주주들에게 돌아갈 것이다. 명목상으로 따지면, 주주들은 전쟁 전에 받던 돈에 비해 3배 많이 받겠지만, 달러 가치가 반으로 떨어졌다는 사실을 감안하면 실질 증가폭은 1.5배에 지나지 않는다.

따라서 주주들은 전쟁 전에 비해 더 많은 실질 가치를 챙기고, 채권 소유자들은 그만큼 덜 챙기게 된다. 이렇듯 인플레이션은 채권 소유자들의 주머니에 들어 있는 돈을 슬쩍 빼내서 주주들의 주머니에 찔러준다. 단지 달러의 가치 변화 때문에 일어나는 현상이다.

이젠 바람이 거꾸로 분다고 가정해 보자. 그러면 정반대 현상이 나타난다. 디플레이션으로 물가가 반으로 떨어지고, 회사의 비용과 수령액도 똑같이 반 토막 난다. 그러면 수익도 반으로 줄어들 것이다. 따라서 회사는 주주와 채권 소유자들에게 1,000만 달러가 아닌 500만 달러를 분배하게 될 것이다. (물론, 물가가 반으로 낮아진 상태에서 이 500만 달러는 가치로 따지면 그전의 1,000만 달러와 똑같다.) 그러나 이 500만 달러는 주주와 채권 소유자에게 똑같이 나눠지지 않을 것이다. 왜냐하면 계약상 채권 소유자들은 5%를 받게 되어 있기 때문이다. 따라서 채권 소유자들이 500만 달러를 다 가질 것이다. 주주들이 가질 돈은 한푼도 남지 않을 것이다. 이제 어쩌면 회사는 점점 어려워지며 파산 상태로 몰릴지 모른다. 회사 사정이 더 악화되면, 법정관리가 따를 것이다. 그러면 그 탓은 경영진으로 돌려질 것이다. 그러나 회사에 그런 피해를 안긴 것은 강도나 다름없는 달러이다.

이런 경우에 주주는 앞에서 논한 그 농부와 비슷하고, 농부의 채권자는 채권 소유자와 비슷하다. 1919년의 경우처럼 인플레이션이 일어날 때, 농부는 자신의 채권자가 입은 피해의 대가로 이익을 챙기게 된다. 그러나 1921년의 경우처럼 디플레이션이 일어나면, 농부의 채권자가 농부가 피해를 입는 대가로 이익을 챙기게 된다.

전쟁 부채

같은 도박에서 정부도 잃거나 딴다. 인플레이션과 디플레이션이 막대한 전쟁 부채에 미치는 효과는 참으로 흥미롭다. 국제 연맹이 1922년부터 1926년 사이에 각국의 재정 상태와 관련해 발표한 보고서를 보면, 각국의 공적 부채가 전쟁 전의 구매력을 기준으로 다시 계산되고 있다. 이 자료에 따르면, 이탈리아가 1914년에 진 부채는 160억 리라였지만 1925년의 부채는 전쟁 전의 구매력으로 따져 130억 리라에 지나지 않았다. 말하자면, 막대한 전쟁 비용이 이탈리아 정부의 부채를 엄청나게 키웠음에도 불구하고, 실질적인 부채 부담은 리라의 가치 하락으로 인해 오히려 줄어들었다는 뜻이다. 채무자인 이탈리아 정부가 인플레이션으로 챙긴 것은 바로 이탈리아 정부로부터 돈을 받을 채권자들(이탈리아 시민과 외국 시민)이 잃은 것이었다.

당연히 독일 마르크의 가치 하락도 독일 정부의 대내 채무를 실질적으로 거의 다 탕감시키는 결과를 낳았다. 지폐 마르크가 사라진 뒤, 독일 정부가 대내 채무를 "다시 평가"하는 은총을 베풀긴 했지만 말이다. 말하자면, 독일 정부가 대내 부채 중 일부를, 즉 17억5,000만 마르크 금화에 상당하는 금액을 상환하기로 결정했다는 뜻이다. 그러나 독일의 개인과 기업들은 언제나 그처럼 관대하지는 않았다. 어느 대형 선박회사는 원래 수백 만 달러에 달하던 부채를 단돈 1,100달러에 해당하는 돈을 지급하는 것으로 해결했다는 소문도 들린다.

(국민에게 진 전쟁 부채가 인플레이션에 의해 크게 삭감되지 않은 나라들은 미국과 영국, 그리고 영국 제국 내의 자치령들뿐인 것 같다. 캐나다의 실질 부채 부담은 전쟁으로 인해 4.5배 뛰었고, 영국은 6.5배, 미국은 11배, 오스트레일리아는 14배 늘어났다.)

그러나 여기서 국민이 짊어질 전쟁 비용까지 인플레이션으로 인해 경감되었다고 추론해서는 안 된다. 납세자들이 통화 가치의 하락으로 인해 얻은 이득은 그들이 대출자와 예금자로서 잃은 것이었다. 공공 부채의 부담은 결코 경감되지 않았다. 단지 그 부담이 납세자의 어깨에서 투자자들의 어깨로 옮겨졌을 뿐이었다.

그러나 공공 부채에 일어나는 이 같은 불공평은 개인 부채에 일어나는 불공평에 비하면 아무것도 아니다. 당연히 엄청난 수의 개인 대출자들은 융자에 대한 상환으로 채무자로부터 가치가 떨어진 돈을 받아야 했다.

보험 계약은 채권과 비슷하다. 왜냐하면 그것이 미래의 어느 시점에 일정한 금액을 지급하겠다고 약속하지만 지급할 돈의 구매력에 대해서는 아무 말을 하지 않기 때문이다. 유럽의 인플레이션은 미망인들로부터 남편이 꼬박꼬박 넣은 보험의 대부분을 강탈하는 결과를 초래했다. 미국에서조차도, 1920년에 남편이 사망해 보험금 1만 달러를 받은 미망인은 계약 시점인 1896년의 달러 가치로 환산하면 계약한 가치의 4분의 1만을 받았을 뿐이다.

연봉과 임금

연봉 계약과 임금 계약도 채권과 비슷하다. 연봉 계약과 임금 계약은 기간이 비교적 짧고 또 조정도 가능하다. 그럼에도, 이런 계약이 즉각적으로 또는 완벽하게 조정되는 경우는 드물다. 말하자면, 물가는 꾸준히 오르는데 반해 연봉과 임금은 언제나 놓친 기차를 따라잡으려 하는 모양새다. 미국 서부의 어느 칼리지의 학장은 나에게 이런 내용의 글을 보내왔다. 1914년에 그 칼리지에서 처음 일을 시작했을 때 그가 받은 월급은 2,800달러였다. 그러고 나서 1925년까지 11년 동안 열심히 일을 했으니까, 그로서는 월급이 상당히 증가했을 것으로 기대하는 것이 정상이었다. 그런데 1925년에 그가 받은 월급은 5,000달러였다. 5,000달러를 받았으니, 명목상으로는 월급이 1914년에 비해 배가량 뛰었다. 그러나 1914년의 달러 가치로 환산하면, 이 5,000달러는 3,000달러 정도에 지나지 않는다. 말하자면 그의 월급은 원래의 2,800달러보다 겨우 200달러 정도 오르는 선에서 그쳤다는 뜻이다.

사회적 불공평의 심각성

개인의 뜻과 상관없이 벌어지는 이런 미묘한 강탈의 규모는 정말 어마어마하다. 말하자면 인플레이션을 통해서 채권자로부터 채무자에게로, 또 거꾸로 디플레이션을 통해서 채무자로

부터 채권자에게로 넘어가는 가치의 이전이 대단히 크다는 뜻
이다. 미국의 국가경제연구소(National Bureau of Economic
Research)의 윌포드 킹 교수는 불안정한 화폐라는 악의 영향력
이 다른 많은 나라들에 비해 비교적 약한 미국에서도 비교적 짧
은 기간인 6년 사이(1914-1920)에 이런 종류의 강탈로 이 집단
에서 다른 집단으로 강제로 옮겨진 돈이 무려 600억 달러에 이
른다고 추산했다. 그런데 미국 헌법과 법원들이 정한 기본적인
권리의 원칙들이 무색하게도, 이 강탈은 전부 합법이다. 그러나
그것은 적절한 법적 절차를 밟지 않고 재산을 빼앗는 것이나 다
를 바가 하나도 없다.

6,000만 달러를 턴 은행 강도 사건이 발생했다고 가정해 보
자. 이 사건은 모든 신문의 1면을 장식할 것이다. 그런데도 인플
레이션에 의해 일어난 600억 달러 "강도" 사건은 앞의 강도 사
건보다 무려 1,000배나 더 큰데도 너무나 정교하게 이뤄지기 때
문에 사건이 일어날 당시에 사람들에게 발각되지 않았으며, 지
금도 마찬가지로 발각되지 않고 있다. 화폐 착각이 없다면, 이
런 막대한 액수를 잃거나 따는 행위는 즉각 알려지고 또 명쾌하
게 이해되었을 것이다. 그로 인해 재산을 몰수당한 사람들은 관
련법을 마련하라며 아우성을 칠 것이고, 보상을 요구하거나 유
해한 달러의 약점을 보완하려고 노력할 것이다. 아니면 시위나

폭동, 반란이 일어날 것이다.

금광에 대한 도박

사정이 이러하니, 금 본위제 국가에서 이뤄지는 모든 계약은 골드 달러의 미래 가치를 놓고 벌이는 도박이다. 금광이 새로 발견되거나, 새로운 야금술이 개발되거나, 혹은 새로운 금융제도가 도입되어 금을 효율적으로 이용할 수 있게 되면, 금의 가치는 떨어질 가능성이 크다. 만약에 금의 생산이 감소한다면, 금의 가치가 오를 것이 확실하다. 골드 달러로 맺는 계약들은 미래에 일어날 이 두 가지 일에 대해 무의식적으로 내기를 거는 것이나 마찬가지이다.

앞에서 본 바와 같이, 안전한 달러가 확보될 때까지는 안전한 채권이나 달러로 상환되는 안전한 계약 같은 것은 절대로 있을 수 없다. 지금으로부터 50년 후에 1,000"달러"를 지급하겠다는 약속은 미래의 그 시점에 얼마의 가치가 될까? 그것은 1,000개의 X를, 말하자면 미지의 양을 1,000개 주겠다는 약속이다. 사람들은 보증인이나 선취특권, 담보 등을 통해서 1,000개의 X를 확실히 받으려고 애를 쓴다. 그러나 사람들은 이 X가 얼마일 것인지에 대해서는 신경을 전혀 쓰지 않는다.

이유는 간단하다. 경솔하게도 이 X가 언제나 똑같을 것이라고 단정하고 또 그것을 당연한 것으로 받아들이기 때문이다. 사람들은 자신이 쓰는 용어가 얼마나 엉터리인지를 제대로 알지도 못하면서 융자가 "안전하도록"(secure) 조치를 취했다거나 "유가증권"(securities)에 대해 떠들어 대고 있다.

그렇다면 현재의 달러에 쏟아질 가장 큰 비난은 가치가 불안정하다는 점이다. 달러가 척도로 쓰이는 한, 모든 계약은 당연히 복권이며 모든 계약 당사자는 동의하지 않은 상태에서 금을 대상으로 도박을 벌이게 되어 있다.

금광 사업에 투자하기를 꺼리며 "안전한" 공채만을 구입하는 바로 그 사람들이 그 금광에서 나는 산물의 변덕스런 가치에 자신의 운을 맡기고 있다. 그들은 종종 세상에서 돈을 가장 많이 거는 도박꾼인데도 정작 본인은 그런 사실을 모르고 있다. 지난 세대 동안에, 그들은 이 도박에서 세상의 모든 도박꾼들이 입은 손실을 전부 합한 것보다 더 많은 돈을 잃어놓고도 그 같은 사실을 모르고 있다.

지금 금 본위제 국가들에서 수천 억 달러에 달하는 공채가 위험에 처해 있다. 어쩌면 투자자들의 정신 건강을 위해 다행한 일인지 모르지만, 정작 공채를 소지한 사람들은 그런 무서운 위험을 모르고 있다.

기업가도 마찬가지로 자신의 사업에 따르는 위험 외에 금으로 별도로 도박을 하고 있다. 사업은 언제나 불확실성 때문에 피해를 입는다. 불확실성은 노력을 방해한다. 달러 구매력의 불확실성은 비즈니스 관련 불확실성 중에서도 질이 가장 나쁘다.

물론 복권에서 운 좋게 승자가 된 사람들을 욕해봐야 아무런 소용이 없다. 그런데도 대중은 정말 엉뚱하게도 낮은 물가의 원인을 사악한 채권 소유자들의 "목조르기"로 돌리고, 높은 물가의 원인을 악덕업자들의 개인적 비열함으로 돌리는 실수를 저지른다. 그들에겐 절대로 잘못이 없다. 어떤 의미에서 보면 그들이 이웃사람들의 몫을 빼앗고 이웃사람들의 주머니를 턴 것은 맞지만, 그들에게 그런 식으로 속일 생각은 전혀 없었다. 그들도 나머지 대중과 똑같이 무의식적 도박꾼일 뿐이다. 우리는 도박의 승자를 탓할 것이 아니라 그런 도박을 끝내야 한다.

고도의 문명을 말해주는 중요한 신호는 위험의 축소이다. 말하자면 생명과 재산이 처할 수 있는 위험을 줄이려는 노력이 문명의 중요한 기준인 것이다. 그런 노력의 한 예로 정교한 보험 계획을 들 수 있다. 사람들은 "안전 제일" 캠페인을 벌인다. 그리고 모든 도량형을 고정시키고 그대로 지켜나간다. 그런데도 가장 중요한 척도가 도외시되고 있다. 안전을 기준으로 판단하면, 불안정한 달러야말로 야만의 유물이라 아니할 수 없다.

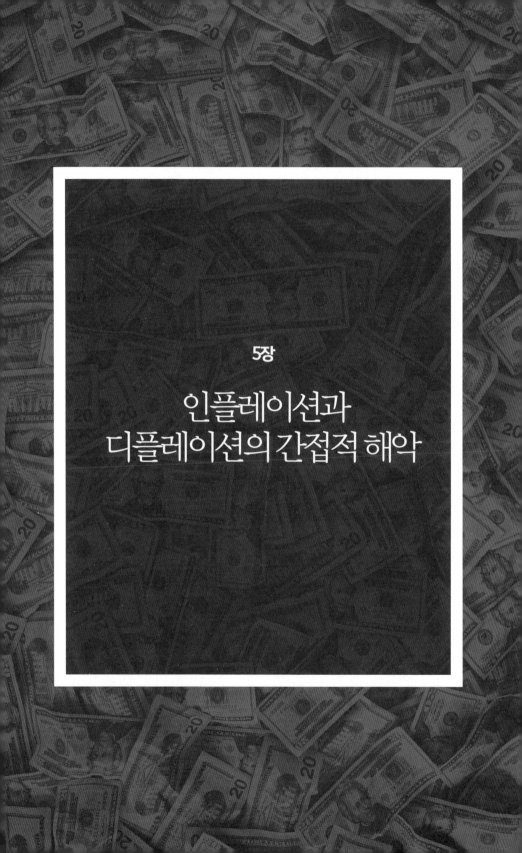

5장

인플레이션과
디플레이션의 간접적 해악

불안정한 화폐, 불안정한 비즈니스

불안정한 달러가 많은 종류의 계약과 계획을 망쳐놓고, 따라서 막대한 규모의 소매치기나 다름없는 심각한 사회적 불공평을 야기한다는 사실이 확인되었다.

그러나 이 "소매치기"는 단지 한 가지 결과에 지나지 않는다. 간접적인 다른 결과도 많다. 무엇보다 먼저, 불안정한 화폐는 경기 변동, 말하자면 "경기 순환"의 비밀을 적어도 부분적으로는 설명해준다. 경기 활황과 불황, 청산, 회복은 오랫동안 경제계를 당혹하게 만들어 왔다. 경기 순환에 대한 설명은 지금까지 많이 제시되었다. 부분적으로 맞는 설명도 있다. 그러나 그 설명은 한결같이 불완전하고 설득력이 떨어진다. 1장에서 예로 든, 가게를 운영하던 그 독일 여성의 설명과 별로 다를 게 없다. 불안정한 화폐가 요술을 부릴 때마다, 대중은 어리둥절해 한다. 불안정한 화폐가 언제나 막후에 숨어 있기 때문이다. 불안정한 화폐의 속임수는 정말로 마술사의 속임수와 비슷하다. 경기 활황과 공황의 한 가지 중요한 원인은 화폐 착각 때문에 지각되지 않는다. 오직 경제적, 통계적 분석을 거친 뒤에야, 사람들은 물품 거래량의 변동이 대부분 달러의 구매력에 나타난 변화 때문이었다는 사실을 깨닫게 된다.

화폐 가치의 하락(물가 수준의 상승)은 상거래를 자극하고, 화폐 가치의 상승(물가 수준의 하락)은 상거래를 위축시킨다. 이유는 간단하다. 생산자들은 제품에 대해 가격을 보다 높게 받게 될 때에도 처음에는 생산 비용을 그만큼 높게 지불하지 않아도 된다. 예를 들면, 연봉과 임금은 물가만큼 빨리 인상되지 않는다. 연봉과 임금은 몇 개월 또는 몇 년 앞서 맺은 계약에 의해 고정된다. 생산자들은 아마 처음에는 공장 임대료나 이자도 그렇게 많이 내지 않을 것이다. 이런 중요한 비용들이 물가 인상을 늦게 반영하기 때문에, 전체 비용은 전체 수입에 비해 상대적으로 작을 것이다. 따라서 수입에서 비용을 뺀 수익이 초반에 늘어나는 경향을 보이게 된다. 이와 반대로, 물가 수준의 하락은 이익을 감소시킬 것이다. 비즈니스에선 이익을 남기는 것이 최고이다. 생산량의 결정은 이익을 남기는지 여부에 좌우된다. 따라서 물가 수준이 높아지고 이익이 늘어날 때, 당연히 사업이 확장되고 경기가 호황을 이루게 된다. 그러나 이익이 줄어들면, 산업이 위축되고 경기가 불황을 보이게 된다.

이익을 추구하는 기업가는 이런 식으로 수익 동기를 따른다. 그러나 그렇게 할 때조차도, 기업가는 화폐 착각 때문에 그릇된 길을 밟을 수 있다. 예를 들어 보자. 인플레이션이 일어나는 동안에 원료비와 다른 비용은 실질 비용보다 더 낮아 보인다. 비용이 발생할 때의 달러 가치가 뒤에 제품이 팔릴 때의 달러 가치보다 높기 때문이다. 그래서 원래의 비용으로 지출된 달러와 훗날 매출이 일어날 때 거둬들일 달러는 같은 달러가 아니다. 제조업자들은 제지 공장이 이익을 내고 있다고 잘못 생각한 오스트리아 제지업자나 가게를 운영하던 독일 여인과 똑같이 속고 있다. 많은 제조업자들이 겉으로 보이는 높은 수익에 유혹되어 빚을 안고 생산을 늘렸다가 경기 흐름이 거꾸로 돌아서는 순간 과도한 확장으로 인해 망하게 된다.

이는 늘 변동하는 달러가 혼동을 일으키고, 따라서 기업가가 회계를 엉터리로 함에 따라 나타나는 부정적인 결과를 보여주는 한 예에 지나지 않는다. 대체로 보면, 불안정한 달러는 인플레이션이 일어나는 동안에 사업을 터무니없을 만큼 크게 확장하게 만들고

반대로 디플레이션이 일어나는 동안에는 사업을 터무니없을 만큼 축소하게 만든다. 따라서 달러의 비틀거림에 따라, 경기도 비틀거리게 되는 것이다.

내가 실시한 통계학적 연구는 달러의 구매력이 떨어질 때마다 시간이 조금 지나면 거의 어김없이 거래량의 증가가 일어나고, 달러의 구매력이 올라갈 때마다 시간이 조금 지나면 거의 틀림없이 거래량의 감소가 일어난다는 점을 보여준다. 파산과 실업률 통계도 파산과 실업률이 달러의 구매력 변화와 관계가 있다는 점을 보여준다. 〈도표 6〉은 물가 수준의 변화와 거래량의 변화 사이의 관계를 보여주고 있다.

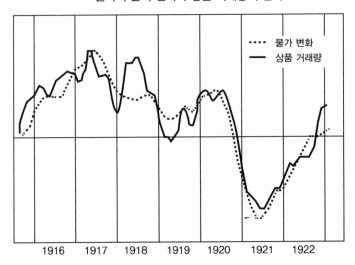

〈도표 6〉

물가 수준의 변화와 상품 거래량의 변화

불안정한 화폐, 불안정한 고용

경제적 문제들 중에서 실업 문제만큼 당혹스러운 것도 없다. 실제로 보면, 사람들에겐 다른 어떤 문제보다 실업 문제가 더 중요하며 그만큼 관심의 대상이 되고 있다. 불안정한 고용과 불안정한 화폐의 관계는 제네바의 국제노동사무국(International Labor Office)이 1920년 창설된 이후로 광범위하게 연구하고 있는 주제이다. 국제노동사무국의 실업 담당 책임자인 앙리 퓌스(Henri Fuss)는 1919년부터 1925년 사이에 22개 국가에서 디플레이션이 일어났으며 이어 비중이 낮은 3개 국가를 제외한 모든 국가에서 경기 불황과 실업률 증가가 나타났다는 점을 보여주고 있다.

미국과 영국에서, 1920-21년의 디플레이션으로 인해 수백 만 명이 일자리를 잃었다. 이 실업은 혁명적인 소요를 낳았다. 영국의 경우에, 파운드화를 금 본위제로 돌려놓기 위한 조치를 취한 결과 1925-26년에 두 번째 디플레이션이 일어났다. 다시 실업과 노동 불만이 나타났고, 이 같은 상황에서 영국 역사상 최대 규모의 파업이 벌어졌다. 당시 영국 내무장관은 동맹파업에 따른 손실을 "남아프리카 전쟁(보어 전쟁) 비용보다 더 큰" 20억 달러로 추산했다. 물론 그 손실에는 다른 원인들도 작용했다. 그러나 디플레이션이 아주 중요한 요소였으며, 디플레이션의 영향은 화폐 착각 때문에 사람들의 눈에 보이지 않기에 더욱 더 컸다.

영국의 두 번째 디플레이션은 미국의 물가 수준까지 끌어내렸으며, 내가 판단하기엔 이 미국의 디플레이션이 지금 미국에서 나타나고 있는 실업의 한 원인인 것 같다.

폴란드에선 영국의 정책과 다른 정책이 추구되었다. 거기서도 전후에 인플레이션이 일어나 환율과 임금과 세금 등을 교란시켰다. 1924년 6월 이후 2년 동안 인플레이션이 계속되는 사이에, 폴란드의 물가 수준은 금 본위제를 채택한 나라의 물가와 비슷하던 수준에서 50% 이상 뛰었다. 이어서 폴란드 국민들이 물가 인상에 어느 정도 적응하게 되었다. 그래서 '케머러 위원회'(Kemmerer Commission)는 폴란드의 즐로티화를 금 본위제인 프랑화와 같은 수준으로 돌리려고 노력하는 것은 "경제적으로도 현명하지 않고 정치적으로도 비실용적"이라고 판단했다. 대신에 케머러 위원회는 즐로티화를 현 수준에서 안정시킬 것을 권고했다. 이런 식으로, 폴란드는 영국에서 디플레이션 정책에 이어 나타난 실업과 경기 불황을 피할 수 있었다.

노동자의 이해관계

노동자의 이해관계는 화폐 단위의 안정화에 특별히 크게 좌우된다. 노동자는 디플레이션으로 야기되는 실업의 희생자일 뿐만 아니라 인플레이션으로 야기되는 높은 생활비의 희생자이기도 하다. 다른 계급은 물가가 올라가거나 내려가는 일로 인해 적어도 일시적으로 혜택을 누릴 기회를 갖는다. 그러나 경제적으로나 다른 것으로 불리한 입장인 노동자는 인플레이션이나 디플레이션 앞에서 가장 약해지는 사회 구성원이다.

물가가 올라갈 때 노동자도 일자리를 쉽게 구하고 또 쉽게 지킬 수 있게 되는 것은 사실이다. 그러나 노동자가 생활 임금을 주는 자리를 구하고 지키는 일은 더욱 힘들어질 것이다. 노동자의 화폐 임금은 언제나 생활비 상승보다 상당히 늦게 움직인다.

실질 임금의 상실을 보여주는 가장 극단적인 예는 독일에서 1922년 중반에 시작한 인플레이션 초기에 보인다. 1923년 1월 들어 일 주일 사이에 모든 종류의 숙련 노동자의 임금이 1913년 수준의 500배 이상으로 뛰었다. 그러나 생활비는 그보다 훨씬 더 높은 1,100배 이상의 인상을 기록했다. 그 결과 주급 18,000마르크를 받은 노동자는 1913년에 주급으로 35마르크를 받을 때만큼 재화를 구하지 못하게 되었다.

실제로 보면, 엄청난 인플레이션이 벌어지는 기간 내내 생활비 상승과 임금 인상 사이에 마라톤 경쟁이 지속적으로 벌어졌다. 후반 들어서는 생활비에 맞춰 임금을 조정하는 조치가 매일 취해졌다. 그러나 모든 산업과 직종에서 숙련공과 비숙련공의 임금은 광업을 제외하곤 언제나 물가보다 뒤처졌다. (독일이 석탄으로도 전쟁 배상금을 지급해야 했기 때문에 광부들의 존재가 아주 중요해졌다. 따라서 광부들의 임금은 특별히 높았다. 1923년에 몇 개월 동안, 특히 4월과 8월에 광부들이 받은 임금의 구매력은 1913년 수준보다도 높았다.)

1923년 12월에 이런 기이한 현상이 극에 달했다. 이때 금속 노동자의 평균 주급은 30조 마르크였다. 이는 1913년 임금에 비해 8,500억 배 높은 수치이다. 반면 생활비는 1조2,500억 배 뛰었다. 금속 노동자는 고기나 빵을 겨우 살 정도였다. 왜냐하면 금속 노동자가 받은 30조 마르크의 주급으로 살 수 있었던 재화의 양이 1913년에 그가 받던 35마르크로 살 수 있었던 양보다 적었기 때문이다.

독일의 예처럼, 물가가 더욱 높이 올라가는 상황에서 인상되는 임금을 미국 기업가 에드워드 필렌(Edward A. Filene)은 "위조"(counterfeit) 임금이라고 부른다. 이 임금이 실질 임금으로 여겨지는 한, 노동자는 화폐 착각의 희생자이다. 노동자는 가끔

정신이 번쩍 들며 화폐 임금과 실질 임금이 다르다는 사실을 깨달을 때조차도 마르크나 달러를 탓하지 않고 엉뚱하게 자기 고용주를 탓할 가능성이 아주 크다.

한편, 물가 수준이 떨어지고 있을 때, 일자리를 가질 수 있을 만큼 운이 좋은 임금 근로자는 생활비 하락의 혜택을 어느 정도 본다. 그러나 실업자들이 많아진다는 사실은 장기적으로 보면 노동자가 떨어지는 물가로 인해 피해를 입게 된다는 것을 의미한다.

요약하면, 노동자는 인플레이션 때에도 피해를 보고 디플레이션 때에도 피해를 본다. 하나의 계급으로서 전체를 보면, 노동자들의 전체 실질 임금은 임금이 생활비 인상폭을 따라 잡지 못해서 떨어지거나(인플레이션 동안) 일자리를 잃거나 임금을 전혀 받지 못하는 노동자들 때문에 떨어지게 된다(디플레이션 동안).

사회적 불만

이젠 불안정한 화폐가 끼치는 많은 종류의 해악 중에서 두 가지를 알게 되었다. 말하자면 앞 장에서 살핀 바와 같이 불안정한 화폐가 일으키는 사회적 불공평과, 이 장에서 본 바와 같이 불안정한 화폐가 기업과 산업, 고용에 일으키는 불규칙성을 알게 된 것이다.

이 두 가지 경제적 악으로부터 또 다른 악이 파생되어 나온다. 사회적 불만이라는 악이다. 사회적 불만은 사람들이 달러의 구매력에 나타나는 변화를 제대로 이해하지 못하기 때문에 생긴다. 예를 들어 보자. 인플레이션이 계속 진행되고 있는데 임금이 언제나 뒤쳐진 채 물가를 따라가고 있다면, 근로자는 종종 고용주가 노동자를 상대로 어떤 게임을 벌이고 있는 것이 아닌가 하고 생각하기 쉽다. 노동자의 임금이 오를 때마다 마치 고용주가 생활비를 올려 인상분을 빼앗아가는 것처럼 느껴지는 것이다.

이 문제에 관심을 갖게 된 어느 정신과 의사는 불안정한 화폐는 개인의 광기와 비슷한 일종의 사회적 광기처럼 보인다고 말했다. "무의식적 갈등"을 겪고 있는 사람은 자신을 괴롭히고 있는 것이 무엇인지를 모르면서도 늘 불안해하며 그 탓을 엉뚱한 원인으로 돌린다. 마찬가지로, 대중도 인플레이션과 디플레이션을 일으키고 있는 악을 제대로 이해하지 못하면서 누군가가 자신들에게 피해를 안기고 그 대가를 챙기고 있다는 느낌을 강하게 받는다. 그래서 대중은 악당처럼 보이는 사람에게로 비난의 화살을 돌린다. 물가가 떨어질 때, 대금업자(채권 소유자)는 변화하는 조건에서 당연히 이득을 챙기게 마련이다. 그러면 대중은 대금업자에게 "흡혈귀"나 "돼지" 같은 별명을 붙인다. 금융가와 대금업자가 대중의 불만의 표적이 되는 것이다. 한편, 물가가 올라가면, 대중은 수익을 좇는 사람들을 비난하면서 그들에게 "악덕업자"라는 별명을 붙인다.

앞에서 확인한 것처럼, 대중이 그런 사람들을 탓하는 것은 결코 정당하지 않다. "흡혈귀"나 "돼지"는 떨어지는 물가 때문에 이익을 보지 않을 수 없고, 이익을 좇는 악덕업자는 물가 인상 때문에 이익을 보지 않을 수 없다.

1919년에 뉴욕 중부의 한 목재상은 악덕업자라는 소리를 듣기 싫어서 목재에다가 나름대로 정한 방식에 따라 비용을 책정했다. 앞에서 소개한 오스트리아 은행이 자사 소유의 제지 공장의 제품에 대해 비용을 체계적으로 책정하려고 한 것도 이 목재상과 다르지 않다. 그러다 이 목재상은 어느 순간에 자신이 처한 상황이 정말 이상하다는 사실을 깨닫게 되었다. 자신이 "악덕업자들"의 농간으로부터 보호하려던 대중에게 목재를 팔고 있는 것이 아니라 자신이 원래 목재를 구입했던 바로 그 도매상에게 목재를 팔고 있었던 것이었다. 이 도매상들이 제재소에서 목재를 구입하는 것보다 이 목재상에게 목재를 사는 게 훨씬 더

싸다는 사실을 알았던 것이다.

하지만 인플레이션이나 디플레이션이 있은 뒤에는, 정당하든 정당하지 않든, 항상 대중의 불만이 따르게 되어 있다. 물가가 가파르게 오를 때, 노동자들은 자신들이 희생되고 있다는 느낌을 받는다. 당연한 일이다. 노동자들 중에서 보다 급진적인 사람들은 사회를 증오하게 된다. 인플레이션이 지속될수록, 노동자들은 그 같은 상황에 불만을 더 강하게 품게 되며, 따라서 자신들의 처지를 "착취적인" 사회 체제가 의도적으로 약탈한 결과라고 생각한다.

그래서 그런 불만으로부터 볼셰비즘을 비롯한 급진적인 이론들이 나오게 된다. 대버넌 경은 세계대전 동안에 볼셰비즘이 생겨나게 한 주요 원인은 화폐 구매력의 변화라고 말했다. 사회적 불공평으로 비치는 것을 바로잡으려는 노력은 언제나 거칠게 마련이다. 그리고 이 사회적 불공평 중에서 적어도 일부는, 말하자면 불안정한 화폐로 인해 야기된 부분은 진짜이다.

노사 분규

아주 합리적인 고용주뿐만 아니라 아주 합리적인 근로자들도 불안정한 화폐 때문에 불화를 일으키기 쉽다. 버넌 경(Lord Vernon)이 잘 지적했듯이, 불안정한 화폐는 노사 관계를 악화시키는 중요한 원인이다.

물가가 올라갈 때, 근로자들은 높은 생활비에 불만을 터뜨리며 임금 인상을 요구한다. 당연한 요구이다. 그러나 고용주들은 노동자들의 임금 인상 요구에 저항한다. 고용주들이 근로자들과 장기 계약 혹은 장기 합의를 했을 경우에 고용주의 저항은 특히 더 강해진다. 이 두 관점의 차이 때문에 종종 파업이 일어난다.

한편, 물가 수준이 떨어지고 있을 때, 고용주들은 임금을 삭감하려 든다. 이것 또한 합리적이지만, 근로자들은 거의 틀림없이 고용주의 움직임에 반항할 것이다. 근로자들과 고용주 사이에 근로자에게 유리한 계약이나 합의가 있다면, 근로자들의 저항은 특별히 더 커질 것이다. 그 결과 공장 폐쇄가 일어날 수 있다.

버넌 경은 "석탄과 산업"(Coal and Industry)이라는 소책자에서 그것을 이렇게 설명하고 있다.

"분쟁이 심각해지면, 정부는 아마 개입을 하든지 조사를 벌일 것이다. 1919년의 샌키 위원회(Sankey Commission)는 전자의 예이고, 새뮤얼 위원회(Samuel Commission)는 후자의 예이다. 그러면 분쟁으로 파업이 일어날 수도 있고 일어나지 않을 수도 있지만, 어쨌든 의심과 오해, 불신의 긴 터널을 지난 뒤에야 임금이 오르거나 내려질 것이다.

이 이상한 과정은 종종 '필요한 조정'을 하는 것으로 여겨지는데, 필요한 조정이란 화폐 가치의 변화에 맞춰 임금을 상향 조정하거나 하향 조정하는 것을 의미한다. 여기서 주목해야 할 부분은 앞에 든 예를 보면 상향 조정의 경우엔 그 과정이 소매에서 시작하고, 말하자면 광부가 가게에서 물건을 사길 원하는 시점에 시작하고 하향 조정의 경우엔 도매에서, 말하자면 광산 소유자가 석탄을 팔고자 하는 시점에 시작한다는 점이다.

산업 현장의 어느 당사자도 이 과정을 좋아하지 않는다. 분별 있는 고용주들은 누구든 임금 삭감과 공장 폐쇄를 좋아하지 않으며, 근로자들은 파업을 싫어한다. 양 당사자 모두 크게 보면 자신들로서는 통제 불가능한 환경의 희생자이다. 만약에 이 분석이 옳다면, 모든 분규에서 강조되는 '동맹 파업'이나 '공장 폐쇄' 같은 단어들이 유치한 감정을 불러일으킬 것이라고 봐도 무방하다. 많은 경우를 보면 파업이나 공장 폐쇄는 어쨌든 똑같은 원인에서 비롯된다. 그러나 그 주도권이 파업의 경우에는 근로자들에게 있고, 공장 폐쇄의 경우에는 고용주에게 있다."

따라서 불안정한 화폐는 노사 분규의 가장 중요한 원인 중 하나라 할 수 있으며, 안정적인 화폐는 노사 사이에 평화를 약속하는 가장 큰 희망이라고 할 수 있다.

순(純)손실

불안정한 화폐의 해악에 관한 이 연구는 불안정한 화폐가 사람들의 회계를 엉터리로 만들어 버린다는 관찰로 시작되었다. 또 불안정한 화폐 때문에 가치가 사회의 이 계급에서 저 계급으로 부당하게 이전된다는 것도 관찰되었다. 그러나 대부분의 경우에 사회 전체로 보면 손실이 없었다. 누군가가 잃는 것을 다른 누군가가 얻게 되기 때문이다.

그러나 이젠 손실이 이익을 넘어선다는 사실이 확인되고 있다. 불확실성과 불황, 실업, 사회 불만, 파업, 공장 폐쇄, 사보타주, 폭동, 폭력, 볼셰비즘 등의 간접 피해 때문이다. 이런 것들은 일반 대중에게 엄청난 피해만 안기게 된다. 거기엔 이득은 하나도 없다.

물가가 올라가든 내려가든, 이 같은 상실은 똑같이 느껴진다.

물가 수준이 올라가고 기업 활동이 일시적으로 자극을 받을 때, 그때의 "번영"은 대부분 가짜이다. 채권 소유자들과 대부분의 월급쟁이, 많은 임금 근로자, 그리고 소득이 달러로 고정되어 있는 사람들은 그런 상황에서도 번영과 거리가 멀다. "번영"이라는 용어는 기업가의 용어라는 점을 기억해야 한다. 사회가 전반적으로 행복한 조건보다는 특정 계급이 이익을 누리는 조건을 묘사하는 단어라는 뜻이다. 그렇다면 인플레이션이 일어나는 동안에 기대되는 "번영"은 정말로 어느 한 계급의 번영이라고 말해도 무방할 것이다. 말하자면, 이익을 좇는 사람들이 다른 사람들이 행복을 잃는 만큼 더 누리게 되는 행복이 번영인 것이다.

게다가, 일반적인 도박에서처럼, 이 승자의 이익도 결국엔 대부분 휩쓸려 사라지고 만다. 물가가 오르고 있을 때, 상승하는 물가 때문에 종종 일어나는 파업과 폭동, 폭력은 산업의 바퀴들을 멈추게 하고 도구들을 파괴함으로써 승자의 이익까지 빼앗아 버린다. 그것은 누가 이익을 챙기는가 하는 문제가 아니다. 거기엔 어떤 이익도 없다. 예를 들어, 경제적으로 말한다면 독일은 아마 전후에 전쟁 자체보다는 막대한 인플레이션 때문에 더 힘들어 했다고 해도 무방할 것이다.

마찬가지로, 물가가 떨어지는 동안에 유리해지는 사람이 이익을 좇는 사람이 아니고 채권자가 될 때, 이 승자도 자신이 챙긴 것을 잃을 가능성이 크다. 채권 소유자는 대체로 보면 단지 자본 투자자, 즉 기업의 "침묵의 파트너"일 뿐이다. 채권 소유자는 위험을 감수하거나 기업의 우두머리가 될 기질을 갖추지 못했거나 그런 훈련을 받지 않은 사람이다. 그러나 몇 년 동안 물가가 떨어지게 되면, 채권 소유자는 그 동안 자신이 채권을 산 기업의 생명의 피를 자기도 모르게 빨아 먹은 결과가 된다. 그러면 그 기업을 경영하는 선장이 가질 이익도 전혀 남지 않게 되고, 손실을 무릅쓰고 자본을 투자한 주주들이 챙길 이익도 전혀 남지 않게 된다. 이어 공장에 대한 담보권이 행사될 것이고, 선장은 난파의 책임을 지고 쫓겨나고, 신용을 잃고, 모욕감을 느끼고, 그 실패가 전적으로 자신의 잘못이 아니라는 점을 설명하기는커녕 이해조차 하지 못할 것이다. 그 실패가 그가 가진, 신뢰할 수 없는 회계 도구인 달러에서 비롯되었으니 말이다. 이어서 채권 소유자들이나 그들의 대변자인 변호사들이 운영 방법을 알든 모르든 상관없이 그 기업의 관리를 맡을 것이다. 이리하여 경영이 종종 엉뚱한 사람들에게 넘어가면서 기업은 엉망이 될 것이다. 이런 식으로 채권 소유자는 무의식적으로 샤일록(셰익스피어의 희곡 '베니스의 상인'에 나오는 유대인 사채업자/옮긴이) 같은 사람이 되어 반드시 1파운드의 살점을 요구하고, 그러다 보면 한때 수익성 높았던 기업은 피를 흘리며 죽

어가게 된다.

불황 동안에 일자리를 잃은 노동자들은 상실한 임금을 절대로 다시 찾지 못한다. 그들이 잃는 것은 그들의 고용주에게도 돌아가지 않고 다른 누구에게도 돌아가지 않는다. 일자리를 잃고 빈둥거리는 사람들과 멈춰선 기계들은 사회 전반의 상실을 상징한다.

결론

이 장과 앞의 장에서, 불안정한 화폐가 가끔은 이 계층에서 강탈하고 또 가끔은 저 계층에서 강탈하는 것이 확인되었다. 또 불안정한 화폐가 온갖 종류의 회계와 경제적 관계, 경제적 조정을 어지럽혀 놓을 뿐만 아니라 거래와 고용에 유해한 소요(騷擾)를 초래하고 또 불만과 노사 분규, 계급 간의 증오와 폭력을 부르고, 결국엔 전반적인 경제적 손실을 낳는다는 사실도 확인되었다. 불안정한 화폐가 안고 있는 악은 3가지, 즉 사회적 불공평과 사회적 불만, 사회적 비효율성으로 압축된다.

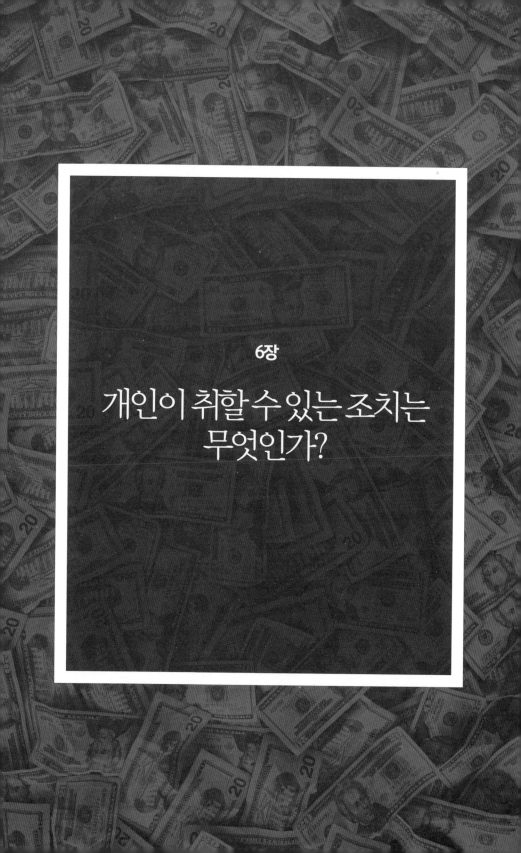

6장

개인이 취할 수 있는 조치는 무엇인가?

도대체 방법은 있는가?

불안정한 화폐의 심각한 해악을 살펴보았다. 그렇다면 그 해악을 피하기 위해 취할 수 있는 조치가 있을까? 지진과 토네이도를 받아들이듯, 그런 악도 섭리나 운명으로 받아들여야 하는 것인가?

집을 튼튼하게 지으면, 지진과 토네이도의 피해도 어느 정도 줄일 수 있다. 그래서 우리는 이 장에서 화폐의 지진이나 토네이도는 예방이 불가능하다는 운명론적인 원칙에 잠정적으로 동의하고 우리가 취할 수 있는 조치는 그런 불행한 사태를 견뎌낼 수 있도록 집을 튼튼하게 짓는 수밖에 없다는 주장을 받아들일 것이다.

사람들은 화폐 착각 때문에 화폐가 자신들에게 가하는 악을 재빨리 이해하지 못한다. 그렇기 때문에 사람들이 자기 보호를 위해 취하는 조치도 느릴 수밖에 없다. 사람들의 마음에서 화폐 착각만 제거할 수 있어도, 경영 활동을 벌이면서 현명하고 실용적인 정책을 채택하기가 훨씬 더 쉬워질 것이다. 인플레이션과 디플레이션을 감지하지 못한 탓에 사업을 망친 사람들이 너무나 많다. 또 다른 많은 사람들은 각자의 가능성을 확인하고 다음과 같은 셰익스피어의 유명한 문장에 새로운 의미를 부여했다. "인간사엔 흐름이 있는 법이야. 그 흐름을 제때 잘 올라타면 성공을 이룰 거야."

달러를 환산하라

우리가 취해야 할 가장 분명한 조치 한 가지는 달러의 구매력을 주시하면서 이 수치를 이용해 기업의 회계를 동일한 기준으로 바꾸는 것이다. 이 목적을 위해, 나는 그 기준으로 쓸 지수를 매주 계산해 월요일자 신문에 발표한다.

보다 정확한 새 회계법은 현재 달러를 "명목 그대로" 처리하고 있는 일상적인 회계법을 훼손하지 않고도 가능하다. 새 회계법은 단지 기업의 간부와 매니저에게 보충적인 통계 자료의 역할을 한다. 새 회계법으로 얻은 결과는 언제나 경영 간부에게 흥미롭게 다가올 것이다. 달러가 급변할 때엔 그것이 "인명 구조선" 같은 역할을 할 것이다. 새 회계법은 달러의 가치가 달랐던 시기에 기입된 재고 목록과 고정 자산의 수치를 크게 바꿔놓을 수 있다. 또한 과거에 발생한 비용의 수치도 바꿔놓고, 추산한 이익이나 실제 이익의 수치도 크게 바꿔놓을 것이다.

경영 예측

이 지수를 활용하면, 경영 조건을 예측하는 데 큰 도움을 얻을 수 있다. 오랫동안 뚜렷하게 나타나는 물가 하락은 언제나 디플레이션을 예고한다. 반면에 오랫동안 뚜렷하게 나타나는 물가 인상은 기업가의 관점에서 보면 언제나 경영 조건의 향상을 예고한다. 물론 경영 예측에 도움을 주는 것으로, 불안정한 화폐와 관계없는 사실과 수치도 많다.

불안정한 화폐 앞에서 스스로를 보호하는 또 다른 방법은 경영 환경에 예상되는 변화에 대한 전문가의 조언과 경고를 듣는 것이다. 브룩마이어(Brookmire)와 뱁슨(Babson)을 필두로, 미국에서 지난 20년 동안 이런 목적의 기관들이 많이 생겨났다. 덩달아 고객도 점점 늘어나고 있다. 이 기관들은 예상이 특별히 어긋날 때에만 타격을 받는다. 이 기관들은 기업가들에게 통계 서비스를 제공하고, 일부는 경기를 예상하는 서비스를 제공한다. 그러면서 기업가들이 인플레이션과 디플레이션의 해로운 영향을 피하도록 돕는다.

이런 경영 서비스로는 미국 상무부의 관보와 스탠더드 스터티스틱스 컴퍼니(Standard Statistics Company), 하버드 경제 연구 위원회(Harvard Committee of Economics Research), 앨릭잰더 해밀턴 연구소(Alexander Hamilton Institute), 카르스텐 포레카스토그라프스(Karsten Forekastografs), 무디스(Moody's), 다양한 잡지, 기업과 은행의 통계 부서 외에 80개 정도가 더 있다. 영국에도 런던 경제대학교(London School of Economics)의 서비스처럼 미국과 비슷한 기관이 생겨났다.

미국 상무부 장관 허버트 후버(Herbert Hoover)는 통계 자료를 제시함으로써 비즈니스 활동을 돕는 노력을 오랫동안 옹호해왔으며, 비즈니스 활동을 안정시키려고 노력하는 연방준비제도의 영향력 일부는 그런 차원에서 나온다. 연방준비이사회와 연방준비은행들은 그런 정보를 수집해 일반인들에게 제공하고 있다.

이런 현대적인 경영 정보 서비스는 지난 몇 세대 동안 업계 잡지들이 제공했던 서비스와 별로 다르지 않다. 그러나 현대적인 서비스는 업계 잡지들에 비해 예측과 "경기 변동"에 중점을 두고 있다.

달러 가치 예측

간혹 사람들은 화폐 구매력에 일어날 일을 정확히 예측할 수 있다. 그러면 "돈을 벌" 드문 기회가 생긴다. 화폐에 닥칠 변화를 예측하다 보면, 미래를 좀 더 멀리 내다보면서 그 변화의 결과까지 예측할 수 있게 된다.

경제학에 조예가 깊거나 조금 알면서 동시에 전후 독일의 사정을 아는 사람이라면 누구나 돈을 벌 황금 같은 기회를 누렸다. 앞에 언급한 후고 스티네스를 포함한 많은 사람들이 실제로 돈을 벌었다. 일부 경제학자들도 기회를 놓치지 않고 차입한 돈으로 부동산과 주식, 외환에 투기를 했다. 인플레이션이 여전히 진행될 것이라는 사실을 알고 있는 한, 그런 투기는 비교적 안전하다. 그런 시기에는 마르크로 지급될 수 있는 채권은 절대로 사지 않는 것이 지혜이다. 또 은행에 예금을 하는 것도 피하는 것이 지혜이다. 이런 지혜를 갖추지 못한 사람들이 얼마나 힘들게 되었는지, 그 사례들을 앞에서 이미 보았다. 그런데 그런 사람들이 절대다수이다.

물론 미국에도 똑같은 원칙이 적용되었고 지금도 적용되고 있다. 1917년부터 1920년 사이에 있었던 인플레이션 동안에 미국의 일부 기업가와 경제학자들은 빌린 돈으로 투기하는 전략을 신중하게 따랐다. 인플레이션이 불가피하다는 사실을 예측하고, 또 인플레이션을 최대한 이용하는 방법을 정확히 이해할 수 있었기에 가능한 일이었다.

비교적 안정적인 오늘날에는 그런 기회가 드물다. 그러나 인플레이션이나 디플레이션에 따를 손실을 피하거나 그것을 투자기회로 삼기 위해 그런 사태를 짐작케 하는 신호를 유심히 관찰하는 것은 여전히 지혜로운 처신이다.

투자 상담

늘 그렇긴 하지만, 물가 수준이 어느 방향으로 향할 것인지를 예측하기 어려울 때, 보통주와 우선주, 채권으로 투자를 다양화하면 어느 정도 안전이 보장된다. 그런 식의 투자는 채권 하나에만 투자하는 것보다 언제나 더 안전하다. 왜냐하면 채권 소유자는 정말로 달러의 미래 가치에 투자하고 있기 때문이다. 달러 가치가 떨어지면, 채권 소유자는 돈을 잃는 반면에 보통주를 중심으로 다양화한 투자는 안전하게 지켜질 것이다. 투자 다양화는 투자자의 관심과 수정을 끊임없이 요구한다. 그렇기 때문에 투자 다양화에 대한 최근의 수요가 새로운 직종을 하나 창출해냈다. "투자 상담"이다. 투자자들에게 투자를 다양화하는 방법을 조언하는 투자 상담 외에, "투자 신탁"도 급속도로 증가하고 있다. 투자 신탁 중 많은 수는 직접 투자를 다양화해 놓고 투자자들에게 투자에 동참할 기회를 주고 있다.

외환을 이용한 거래

자기 나라 화폐의 불안정성은 극에 달하고 있는데도 이웃 국가의 화폐가 비교적 안정세를 보이고 있다면, 개인들은 보다 양호한 외국 통화를 구입하거나 자국에서의 거래를 외국 통화로 지급할 수 있도록 함으로써 부분적으로 불안정한 화폐의 위험을 피할 수 있다. 극단적인 경우에 투자자는 자국 증권을 팔고 거기서 나온 돈을 외국에 투자할 것이다. 프랑스 투자자들이 최근에 "프랑으로부터의 도피"를 감행한 것도 바로 이런 것이었다. 독일인 투자자들이 몇 년 전에 "마르크로부터의 도피"를 감행한 것도 마찬가지이다.

마르크로부터의 도피가 일어나던 시기에, 독일에서 스위스 프랑이나 미국 달러 같은 외국 통화로 체결하는 계약은 자본을 실제로 외국으로 이동시키지 않고도 가능했다. 독일의 일부 생명보험사들은 계약에 따른 의무를 미국 달러로 바꿨다. 이것은 보험 가입자들의 입장에서 볼 때 정당한 조치였다.

금으로 태환되지 않던 그린백이 통용되던 시기에 미국에서도 자국 통화를 피하는 현상이 나타났다. 당시에 계약이 그린백이 아닌 금을 기준으로 이뤄졌던 것이다. 특히 많은 채권들은 정식으로 인가된 무게와 순도를 가진 골드 달러로 상환이 가능했다. 이 같은 단서 조항은 1896년경에 다시 나타났다. 오랜 기간(1865-1896)에 걸쳐 달러 가치가 하락함에 따라 정치권이 이 문제에 관심을 기울이게 되었고, 윌리엄 제닝스 브라이언(William Jennings Bryan)이 금 디플레이션에 대한 방어 수단으로 은 인플레이션을 제안한 뒤였다. 당시에 계약은 브라이언이 대통령에 당선될 경우에 있을지 모를 달러의 가치 하락에 대비해 이뤄지고 있었다.

이날까지도 수백 만 달러어치의 채권은 이 같은 "금 약관"을 갖고 있지만, 그런 조항이 생겨나게 된 배경에 대해서는 아무런 언급이 없다. 또 금의 가치 자체가 애초에 두려워했던 폭만큼 이미 변화했다는 사실을 알고 있는 사람도 별로 없다.

지폐의 피해자들이 보다 안정적인 금 본위제의 혜택을 누리기 위해 간혹 외국 화폐를 선호하듯이, 자신의 계약에 따르는 결제 수단으로 금보다 더 나은 물품을 선호하는 사람도 간혹 있다. 잉글랜드에서는 십일조를 종종 "현물"로 거뒀다. 스코틀랜드에서는 곡식을 단위로 농장을 임대했지만 실제로 임차료는 그 곡식의 가치만큼 현금으로 지급되었다. 이런 제도는 '스코틀랜드 피어즈 프라이스'(Scotch Fiars' price: 각 지역에서 나는 곡물에 대해 매년 정하는 평균 가격을 말한다/옮긴이)로 알려졌다. 이 제도는 얼마 전까지도 실시되었다.

잉글랜드의 유명한 경제학자 윌리엄 제번스(William Jevons: 1835-1882)는 재단 소유의 토지에서 나오는 보조금을 현금이 아닌 "곡물"로 지급하도록 한 대목을 두고, 옥스퍼드 칼리지 창설자들의 지혜를 높이 평가했다. 클래런스 배런(Clarence W. Barron)은 아주 흥미로운 미국의 예를 하나 제시하고 있다. "1817년 9월 8일, 보스턴의 데이비드 시어스(David Sears)는 보스턴의 유리아 커팅(Uriah Cutting)에게 스콜리 스퀘어와 코트

스트리트 북동쪽 코너에 위치한 땅과 빌딩을 매년 임대료로 옛 러시아의 1등급 철 10톤을 받는 조건으로 1,000년 동안 임대한다는 계약을 맺었다." 당시 두 당사자 사이에 이와 비슷한 임대 계약이 11건 더 이뤄졌다. 임대 계약마다 실제로는 계약서에 정한 철의 양을 구입할 수 있는 돈으로 지급되었다.

세계대전 후에 중부 유럽의 국가들에서 대금 지급이 나중에 이뤄지는 모든 종류의 계약에서 밀이나 호밀 같은 물품으로 지급하는 것이 관행으로 자리 잡았다. 그런 계약은 오스트리아와 루마니아를 비롯한 다른 나라에서도 행해졌다. 헝가리에서는 은행가들이 크로네로 예금을 받고 훗날 예금주에게 크로네를 지급하는 것이 아니라 크로네를 맡겼을 시점에 살 수 있었던 호밀의 양에다가 이자를 얹어 지급하는 것으로 보도되었다.

이런 관행은 매우 신중하며, 널리 채택되는 것이 바람직하다. 그렇게 될 경우에 개인의 이익만 보호되는 것이 아니라 통화 안정의 원칙들에 관한 지식도 널리 전파될 것이다.

물가지수 본위

단일 품목을 본위로 하는 계약에서부터 다수 품목을 본위로 하는 계약까지는 단 한 걸음에 불과하다. 다수 품목을 본위로 한 계약의 경우에 대금 지급은 지수에 따라 조정된다. 앞에서 쓴 용어로 다시 표현하면, "물가지수 본위"에 따라 조정된다는 뜻이다. 지폐의 불안정성을 바로잡는 한 방법으로 지수 본위를 부분적으로 이용한 재미있는 예를 윌러드 피셔(Willard C. Fisher) 교수가 제시하고 있다. 아마 첫 예일 것 같다. 1747년에 매사추세츠만 식민지(Massachusetts Bay Colony)는 지폐의 공적 신용도를 매기는 기준으로 물가지수 본위를 만든다는 내용을 포함하는 법안을 통과시켰다. 이어 1780년에 매사추세츠는 어음 중 일부에 대한 원금과 이자를 물가지수 본위로 지급하게 하는 법을 통과시켰다. 어음에는 구체적인 조건이 명시되었다.

"원금과 이자는 당시에 해당 주(州)에서 유통되는 화폐로 지급한다. 단, 현재 130파운드(£)의 돈에 해당하는, 5부셸의 옥수수와 68.57파운드(lbs)의 소고기, 10파운드의 양모, 16파운드의 (구두창용) 두꺼운 가죽 등의 가격이 130파운드의 돈을 상환할 시점에 어떻게 변화하느냐에 따라 상환 금액은 130파운드보다 많아지거나 작아진다."

매사추세츠의 이런 조치는 1822년에 조지프 로우(Joseph

Lowe)가, 이어 1833년에 조지 스크로프(George Scrope)가 제안한 물가지수 시스템을 예고하는 것이었다. 로우는 일반적으로 널리 소비되는 주요 상품들로 구성된 "참조표"를 만들자고 주장했다. 조지 포터(Gorge R. Porter)는 1838년에 『국가의 진보』(Progress of the Nation)에서 로우와 스크로프를 언급하지 않은 채 똑같은 방법을 제안했다. 그러면서 포터는 50개 품목이 1833년부터 1837년 사이에 보인 가격 변동을 월별로 보여주는 표를 실제로 만들었다.

스탠리 제번스는 1865년에 금도 가치로 따지면 안정적이지 못하고 1789년과 그가 글을 쓰던 시점 사이에 아주 큰 폭의 변동을 보였다는 사실을 환기시켰다. 그는 1873년 발표한 저서 『화폐와 교환 메커니즘』(Money and Mechanism of Exchange)에서 폭넓게 변동하는 금 본위 대신에 물가지수 본위를 채택하자고 주장했다.

로우와 스크로프, 제번스 등이 지폐의 가치 변동이 아니라 금의 가치 변동에 대한 해결책을 찾고 있었다는 사실을 간과해서는 안 된다. 그들은 지금 논의되고 있는 보다 안정적인 화폐라는 개념을 오래 전에 이미 생각하고 있었다.

전시(戰時)의 예들

세계대전은 물가 변화와 금의 가치 변동을 측정하는 데에 지수를 활용하는 문제에 대한 관심을 크게 불러일으켰다. 그 결과, 세계대전 동안이나 후에 물가지수 본위가 이용되기에 이르렀다. 인류 역사상 처음으로 현대적인 지수가 대규모로 활용된 것이다.

특히 노동자들은 생활비 지수에서 동맹군을 발견했으며, 그것을 인플레이션 기간에 임금을 올리는 지렛대로 이용했다. 수백 만 명의 미국 근로자들과 그보다 더 많은 수의 유럽 노동자들은 지금 임금을 생활비 지수와 연결시키고 있다. 생활비 지수가 올라가면, 임금도 따라 올라간다. 엘마 카(Elma B. Carr)가 1924년에 쓴 글을 보자.

"생활비가 정부의 중재위원회들이 내리는 결정에 중요한 요소로 등장했다. 국가와 지방자치단체의 기관들, 그리고 주 중재위원회도 생활비를 고려해 왔으며, 13개 주와 워싱턴 D.C.의 최저임금위원회가 임금을 결정할 때에는 생활비가 결정적인 요소로 작용한다. 지난 10년 동안 생활비는 자발적으로 임금을 조정하는 모든 산업 분야로 파고들었다. 전쟁 동안에, 생활비 지수를 활용하는 계획이 아주 많은 사기업에 채택되었다. 이 기업들 중 일부는 생활비 지수를 감안하는 방침을 그만두었지만, 다른 기업에서는 이 관행이 지금도 여전히 이어지고 있다. 전쟁 후에, 다른 많은 기업도 임금에 관한 규정에 생활비 변화를 반영한다는 조항을 집어넣었다.

생활비 변화를 반영해 임금을 조정하는 혜택을 받는 근로자들의 숫자를 추산하기는 어렵다. 연방 중재위원회의 결정을 바탕으로 하면, 석탄 산업 종사자 74만7,000명, 통조림 업계 종사자 10만 명, 해운회사 종사자 50만 명, 철도 업계 종사자 200만 명이 그런 혜택을 받고 있다. 이 외에, 미국 전시 노동 위원회(United States National War Labor Board)의 결정도 다양한 업종의 종사자 711,500명에게 영향을 미치고 있다.

1922년 이후, 육군과 해군, 해병대, 해안 경비대, 해안 측량 조사 부대, 공중 보건국(Public Health Service)의 근무자들 중에서 특정 직위 이하의 모든 근무자들도 생계비와 주택 임차 보조금을 미국 노동 통계국의 생활비 통계를 바탕으로 조정해서 받고 있다. 16,000명이 이 혜택을 누리고 있다. 뉴욕의 출판 인쇄 분야에서만, 생활비 변화에 따라 임금이 달라지는 근로자가 약 22,000명에 이른다. 시카고의 출판 인쇄 분야에서도 9,000명 내지 1만 명 정도가 그런 혜택을 받고 있다. '노사관계 위원회'(Council on Industrial Relations)의 결정도 전기 산업 분야의 종사자 15만 명 정도에 영향을 미치고 있다. 다양한 업종의 고용주들도 생활비 지수를 폭넓게 활용하는 것으로 확인되고 있다.

종합하면, 생활비를 바탕으로 임금을 조정하고 있는 근로자들의 수는 아주 많다. 그런 혜택을 받는 근로자들이 대략적으로 파악되는 산업만을 보아도 그 숫자는 550만 명을 넘는다. 여기서 이 수치가 생활비 지수를 직접적으로 반영하는 근로자들의 숫자이며, 간접적으로 영향을 받는 근로자들도 많다는 사실을 기억해야 한다. 따라서 거의 모든 노동자들이 생활비를 근거로 한 조정의 영향을 직, 간접적으로 받고 있다고 할 수 있다."

이처럼 임금 인상에 생활비 지수를 반영하는 현상이 금 본위제를 채택하고 있는 나라에서 일어났다는 사실은 대단히 중요한 의미를 지닌다. 지난 세계대전 동안에 인류 역사상 처음으로 금도 임금이나 다른 계약의 기준으로 삼기에 형편없는 기준이라는 고백이 나왔다. 아울러 그런 계약을 금의 구매력 변동을 측정하는 지수로 조정할 필요가 있다는 지적도 나왔다.

평시(平時)의 예들

이 같은 임금 조정은 인플레이션이 일어나는 동안에 널리 활용되었다. 임금 조정은 특히 근로자들에게 인기가 높았다. 그러나 디플레이션이 나타나자마자, 임금 조정이 중단되기 시작했다. 중요한 이유는 화폐 착각을 버리지 못한 노동자들이 임금의 하향 조정이 구매력을 떨어뜨릴 것이라고 믿으면서 임금 조정에 반대했기 때문이다.

그럼에도, 이런 식으로 임금을 하향 조정하는 계획도 가끔 활용되고 있다. 필라델피아 래피드 트랜시트 컴퍼니(Philadelphia Rapid Transit Company)는 토머스 미튼(Thomas Mitten)의 경영 방침에 따라 최근 특별히 만든 '필라델피아 생활비 지수'를 바탕으로 "장바구니 임금" 체계를 도입했다.

"물가지수"를 적용한다는 원칙을 택하는 기업들이 이따금 나오고 있다. 매사추세츠 주의 덕스베리에 거주하는 프레데릭 B. 크냅(Frederick B. Knapp)은 주택의 임차료를 지수와 연결시키고 있다. 원래 크냅이 사용한 지수는 미국 노동통계국의 지수였으나 훗날 나의 지수로 바꾸었다.

몇 년 전, 랜드 카덱스 컴퍼니(Rand Kardex Company)(지금은 레밍턴 랜드 주식회사로 합병되었다)는 똑같은 원칙에서

"안정적인 채권"을 발행했다. 이 채권에는 이렇게 적혀 있다.

"저희 회사는 달러의 구매력이 떨어지거나 올라갈 경우에 채권 소유자들이 받는 금액을 물가지수에 맞춰 조정함으로써 채권 소유자에게 보다 안정적인 소득을 보장하는 것이 회사의 뜻이라는 점을 선언한다."

요약

개인도 불안정한 화폐의 해악을 물리치기 위해 나름대로 조치를 취할 수 있다. 회계에 보다 안정적인 기준을 채택하면 자신이 실제로 돈을 벌고 있는지 잃고 있는지를 쉽게 확인할 수 있다. 개인은 돈의 최근 움직임을 바탕으로 미래의 경영 상황을 예측할 수 있다. 또 경영 상황 예측에 각종 경영 서비스를 이용할 수 있다. 그러다 경험이 쌓이다 보면 달러의 움직임을 직접 예측하는 것도 가능해질 것이다. 개인은 공채를 안전하지 않은 것으로 여겨 피하고 그 대신에 투자를 다양화할 것이다. 개인은 또 지금 널리 활용되고 있는 투자 상담을 이용할 수 있다. 또 변동 폭이 극심한 마르크나 프랑을 피해 외국에 투자할 수도 있다. 현재 사용하고 있는 기준 대신에 물가지수 본위 같은 다른 기준을 활용하는 것도 가능하다.

이 모든 조치들은 불안정한 화폐의 영향으로부터 자유로워지기 위한 노력의 일환으로 나왔다. 이 같은 노력은 아직 더 많이 필요하다. 다음 2개의 장에서 논의될 조치들이 금 본위를 정말 안정적으로 지켜나가지 못한다면, 불안정한 돈의 악영향으로부터 자유로워지려는 노력은 누구에게나 더욱더 필요할 것이다.

7장

은행이 할 수 있는 일은
무엇인가?

서론

6장에서, 물가 수준의 변화와 달러 구매력의 변화를 보여주는 지수를 이용하면 개인이 인플레이션과 디플레이션의 영향을 피하는 것도 가능하다는 사실이 확인되었다. 이는 그런 지수를 이용하는 경우에 계약에서, 특히 임금과 임차, 채권 같은, 돈이 수반되는 계약에서 그 돈의 진짜 가치를 파악할 수단을 확보할 수 있기 때문이다. 이런 식으로 지수를 활용하면, 불안정한 달러에 수정 사항을 적은 인식표 같은 것을 외부에서 붙임으로써 불안정한 달러의 문제점을 보완할 수 있다. 그래도 지수는 계약에 광범위하게 응용되지 않았으며, 앞으로도 아마 그런 일은 일어나지 않을 것이다. 두 가지 이유 때문이다. 하나는 그렇게 하는 과정 자체가 대단히 귀찮은 일이기 때문이고, 다른 하나는 대부분의 사람들이 화폐 착각으로 인해 그런 과정의 필요성을 느끼지 못하기 때문이다.

그러나 달러의 변동에 따른 피해를 막기 위해 이런 식으로 외부적으로 지수를 이용하는 방법 대신에, 달러 가치의 변동을 내부적으로 막는 데에도 지수를 활용할 수 있다.

화폐 단위의 구매력을 안정시키는 일은 오래 전부터 경제학자들의 꿈이었다. 그런데 화폐의 불안정에 대한 가르침이 새로 제시된 세계대전 이후로, 이 꿈이 점점 현실로 나타나고 있다.

일부 경제학자들과 금융가, 정치인들은 화폐 가치의 변동을 어쩔 수 없는 현상으로 받아들이던 기존의 태도를 버리고 거의 모든 인플레이션과 디플레이션은 인간이 일으키는 현상이라는 인식을 공유하기에 이르렀다. 그렇다면 인간이 화폐를 안정시키지 못할 이유도 없지 않은가? 앞에서 이미 "탄력적인 통화"의 필요성이 확인되었다. 은행이 융자하는 돈은 비즈니스의 필요와 어느 정도 일치해야 한다는 뜻이다. 이젠 화폐의 흐름을 보다 잘 관리하면 재화의 흐름과 화폐의 흐름 사이에 그런 일치를 이룰 수 있다는 것이 확인되고 있다.

세계대전 이후로, 화폐의 원리들에 대한 이해가 더욱 깊어지고 더욱 넓어졌다. 근로자와 기업가, 금융가, 정치인들의 주요 관심사 중 하나가 화폐 가치의 변동을 예방할 수 있는 조치라는 것이 드러나고 있다. 최근 심각한 디플레이션에 이어 일어난 인플레이션의 고통이 희생자들의 기억에서 사라지기 전에, 어떤 대책이 마련되어야 한다는 공감대가 형성되고 있는 것이다.

지금은 지수라는 것이 있기 때문에 화폐의 안정화를 이루기가 예전보다 훨씬 더 쉬워졌다. 지수는 겨우 지난 세대에 와서야 화폐 단위의 치명적인 변동을 보여주는 증거로 쓰일 수 있게 되었다. 무게를 다는 저울이 개발되기 전까지 안정적인 무게 단위를 확보하지 못하는 것과 똑같이, 또 적절한 전기 도구들이 개발될 때까지 안정적인 전기 단위를 확보하지 못하는 것과 똑같이, 지수라 불리는 도구가 개발되기 전까지 안정적인 달러를 확보하는 것이 불가능했다. 하나의 측정 도구로서 지수가 등장하기 전까진, 화폐의 안정적인 구매력이라는 개념조차도 개혁의 바탕이 되기에는 너무 모호해 보였다.

화폐의 안정적인 구매력이라는 개념 대신에, 일정한 무게와 일정한 순도라는 개념만 있었다. 그래도 이 개념은 조악하나마 안정적인 화폐를 이루려는 최초의 시도였다. 사실 일정한 무게를 지키는 것도 다양한 금속을 섞어 무게나 순도가 다 다른 주화나 금속의 양을 속인 주화에 비하면 대단한 발전이었다. 그러나 무게가 일정한 주화의 유일한 장점은 그 구매력이 무게를 정하지 않은 주화나 구매력의 하락을 막을 길이 전혀 없는, 태환 불가능한 지폐만큼 심하게 변동하지 않는다는 점이다. 무게가 일정한 주화를 통해 누릴 수 있는 유일한 혜택은 화폐 가치의 안정에 나타나는 이런 부분적 개선뿐이다. 주화의 무게를 고정시키는 것 자체는 그 외에 다른 미덕을 전혀 발휘하지 못한다.

달러의 가치를 안정시키는 문제의 핵심은 두 개의 큰 흐름, 즉 화폐 유통량과 재화 유통량이 조화를 보다 잘 이루도록 하는 것이다. 아무리 "탄력적인" 통화라 하더라도 이 조화는 절대로 저절로 일어나지 않는다. 그럼에도 이 조화는 대체로 인간의 능력 안에 있다. 왜냐하면 화폐의 흐름이 화폐를 찍는 사람들의 통제 하에 있기 때문이다. 오늘날 화폐를 발행하는 기관은 중앙은행이다. 중앙은행은 비즈니스의 확장이나 축소에 따라 확대되거나 줄어드는 그런 "탄력적인 통화"를 제공하고 있는 것으로 여겨지고 있다.

거대한 신용 구조를 가진 현대의 상황에서, 의도적인 통제력의 범위를 벗어난 자동적인 금 본위제 같은 낡은 이론은 현실과 별로 관계가 없기에 이르렀다. 그 이론에 따르면, 금의 가치는 주로 예술 분야의 사용에서 나오게 되어 있었으며, 금으로 태환할 수 있는, 지폐나 수표 발행이 가능한 예금 같은 신용 통화도 금과 똑같은 가치를 지니는 것으로 여겨졌다. 그런 가운데 이 "부차적인" 종류의 화폐가 금의 가치에 끼치는 영향은 무시되었다. 그러나 오늘날엔 이 부차적인 종류의 화폐가 금에 끼치는 영향이 중요한 요인이 되었다. 신용 화폐의 규모가 태환 가능한 금 비축량보다 훨씬 더 커졌다. 영국과 미국의 경우에, 신용 화폐와 금의 비율은 약 7대 1이다. 그야말로 지금은 주객이 전도된 상태이다. 그렇다면 지폐 달러 혹은 신용 달러의 가치가 태환 가능한 달러에서 나온다고 말할 것이 아니라, 골드 달러의 가치가 교환 가능한 신용 달러에서 나온다고 말하는 것이 더 정확한 표현일 것이다. 유통되고 있는 신용의 규모가 통제되고 관리될 수 있기 때문에, 미국도 국민들이 모르는 사이에 이미 관리 통화를 실시하고 있다. 그렇다면 될 대로 되라는 식의 자유 방임적인 관리 대신에 과학적인 관리 방법을 확보한다면, 그것으로 달러 가치의 안정화를 이루는 것이 가능해질 것이다.

과학적 관리의 시작

세계대전 후에 몇 차례 열린 국제회의에서, 화폐의 구매력을 안정시키는 문제를 놓고 논의가 이뤄졌다. 그러다가 1922년 이탈리아 제노바에서 열린 경제회의에서 30여 개 국가의 대표들이 화폐 안정화를 지지하는 결의안을 만장일치로 채택하고 그를 위해 몇 가지 방법을 제시함으로써 마침내 새로운 시대를 열었다. 그 방법은 세계의 주요 중앙은행들이 금준비(金準備)의 활용과 할인율 정책에서 서로 보조를 맞춘다는 내용을 포함하고 있다. 경제 전문가들은 제노바 경제회의에서 이런 권고를 내놓았다.

> "유럽의 경제 부흥에 근본적으로 필요한 것은 각 나라가 통화의 가치를 안정적으로 유지하는 것이다."

이어서 전문가들은 즉각 취해야 할 구체적인 조치들을 제시하면서 다음과 같이 덧붙였다.

> "이 조치들만 취해도 금 본위제가 충분히 정착될 것이다. 그러나 금 본위제를 성공적으로 유지하기 위해선 중앙은행들 간의 협력뿐만 아니라 적절한 시기에 국제적 협약을 채택할 필요도 있다. 이 협약의 목적은 금에 대한 수요를 중앙 집중화하여 조화롭게 관리함으로써 금의 구매력이 급격히 변동하는 것을 방지하는 것이다. 그렇게 하지 않으면 금을 보유하려는 다수의 국가들이 동

시에 경쟁을 벌이게 될 것이고, 따라서 금의 구매력에 변화가 커질 것이다. 이 협약은 예를 들어 금환 본위제도(gold exchange standard: 금 본위제를 채택할 만큼 충분한 금을 보유하지 못한 국가가 금 본위제를 채택하고 있는 다른 나라의 통화를 태환준비로 보유함으로써 자국 통화의 안정을 꾀하는 제도/옮긴이)나 국제 결제 시스템 같은 외환 수지 형식으로 금을 보유함으로써 금을 효율적으로 이용할 수단을 마련해야 한다.”

연방준비제도의 활동

이보다 훨씬 더 획기적인 것은 연방준비제도가 1922년에 이런 방향으로 실질적으로 노력을 기울이기 시작했다는 사실이다. 연방준비이사회의 관리들과 연방준비은행들은 인플레이션을 위협할 만큼 막대한 양의 금을 보유한 미국에서 인플레이션을 막기 위해서는 모든 가능한 조치들이 취해져야 한다는 사실을 깨달았다. 그들이 그런 조치들을 취하지 않고 이익 동기를 맹목적으로 따랐다면 어떤 일이 벌어졌을까? 연방준비은행들은 금준비를 바탕으로 융자를 해주고 또 해주었을 것이다. 그러다가 아마 신용 구조를 배로 키웠을 것이다. 그러면 거의 80%

에 달하던 지급준비율이 이익 동기를 추구한 결과 거의 법정 비율, 즉 예금 채무의 경우 35%, 연방준비은행권의 경우 40% 선 가까이로 떨어졌을 것이다. 두 배로 커진 신용 구조는 아마 물가를 배로 높였을 것이고, 그에 따른 인플레이션은 1917-1920년의 인플레이션과 비교될 정도였을 것이고, 또 재앙에 가까운 결과를 낳았을 것이다. 그런 방임적인 정책은 달러의 가치를 안전하게 지키지 못하고, 달러로 바꿀 수 있는 금의 무게가 고정되어 있음에도 불구하고 달러의 가치를 떨어뜨렸을 것이다.

세계대전 동안이나 후의 지독한 인플레이션과 1920-21년에 일어난 그보다 더 불행했던 디플레이션의 경험이 아직도 생생한 가운데 나온 이런 예상 앞에서, 연방준비제도의 지도자들은 본능적으로 그런 근시안적인 정책을 되풀이하지 않을 길을 찾고 나섰다. 이 인플레이션과 디플레이션이 일정한 무게의 금으로 바꿀 수 있는 통화라면 언제나 건전하다고 생각하고 있던 금융가들에게 엄청난 충격을 안겨주었던 것이다. 동시에 금융가들은 인플레이션이나 디플레이션이나 똑같이 적어도 평화시에는 대개 인간의 판단에 따른 결과라는 사실을 어렴풋이나마 깨닫기 시작했다. 아울러 미래에는 그런 판단이 공익에 이바지하는 쪽으로 현명하게 이뤄져야 한다는 반성도 일어났다. 그리하여 새로운 정책이 세상에 태어나게 되었다. 이 정책은 처음 생겨날 때 대중의 주목을 거의 받지 못했지만, 나는 그것이 돈의 흐름에 무력하게 이리저리 휘둘리던 전통적인 정책을 대신할 운명을 타고났다고 믿고 있다.

요약하면, 연방준비제도가 최종적으로 1922년에 신용 상황에 영향력을 행사할 목적으로 증권, 특히 정부 채권을 사고팔기 위해 '공개시장위원회'(Open Market Committee)를 조직한 이후로, 달러는 부분적으로 폭넓은 변동으로부터 어느 정도 보호되고 있다. 공개시장위원회는 1923년에 "상거래와 비즈니스의 편의를 돕고 또 증권의 매각이나 구입을 통해 전반적인 신용 상황에 영향력을 발휘하는 쪽으로" 재조직되었다. 연방준비제도는 이로써 신용을 관리하고 신용에 영향을 미치는 것을 의무로 받아들였으며, 그 후 신용에 엄청난 파워를 행사하고 있다는 사실에 스스로도 놀랐던 것 같다. 이 권력은 제대로 활용하기만 하면 연방준비제도를 세상에서 가장 위대한 공공 서비스 조직으로 만들 것이다.

막대한 양의 금과 증권을 보유한 12개 연방준비은행들은 공개시장에서 엄청난 양의 증권을 사거나 팔아서 수천 개의 회원 은행들이 융자할 수 있는 기금을 증가시키거나 축소시킨다. 연방준비은행들이 증권을 사들이면, 시중에 그만큼 돈이 더 많이 유통된다. (만약에 새롭게 풀린 돈을 회원 은행들이 연방준비은행에 진 부채를 갚는 데 쓴다면, 그 돈이 의도했던 것과 반대 방향으로 흐를 수 있는 것은 사실이다. 그러나 융자가 보다 쉽게 이뤄지도록 연방준비은행이 할인율을 낮추면, 그것도 어느 정도 막을 수 있다.) 연방준비은행들이 증권을 팔면, 그때는 시중에 유통되는 돈의 양이 그만큼 줄어들 것이다. (이때도 연방준비은행이 회원 은행에게 해주는 융자를 통해 돈이 다시 시중으로 나갈 수 있는 것은 사실이다. 그러나 이것 역시 연방준비은행이 할인율을 높이면 부분적으로 예방이 가능하다. 할인율이 높아지면, 회원 은행들이 연방준비은행의 융자를 얻는 것을 다소 부담스러워할 것이기 때문이다.)

　이제 방금 언급한 반응, 즉 회원 은행들이 연방준비은행의 융자를 받으려 하거나 융자를 상환하려 하는 반응 때문에, 연방준비제도의 이 정책은 앞에서 괄호 안에 설명한, 할인율을 조정하는 정책과 밀접하게 연결되어 있다. 수천 개의 회원 은행들이 연방준비은행들로부터 돈을 빌리는 것이 쉬워질수록, 이 회원 은행들이 고객들에게 돈을 빌려주는 것도 그만큼 더 자유로워진다. 연방준비은행들은 그때그때 상황에 맞춰 회원 은행들에 대한 할인율 혹은 재할인율을 낮추거나 높임으로써 대출 조건을 완화하거나 강화할 수 있다. 따라서 연방준비은행들은 시민들이 돈을 얻기 쉽게 만들거나 어렵게 만들고, 그렇게 함으로써 인플레이션이나 디플레이션을 예방할 수 있다.

이 두 가지 방법이 결합되면, 말하자면 증권시장에서 증권을 사고파는 행위와 할인율 또는 이자율에 대한 영향력이 결합되면, 연방준비제도는 융자와 물가, 번영에 막강한 영향력을 행사하게 된다.

일부 미국인들은 유럽의 "관리 통화" 제도에 대해 심하게 비판한다. 그런 미국인들은 미국의 통화도 오늘날 "관리 통화"나 거의 다름없다는 사실을 깨닫지 못하고 있다. 중요한 것은 "관리 통화 제도를 채택하고 있는가?" 하는 것이 아니다. "관리 통화 제도를 어떤 식으로 운영하는가?" 하는 것이 중요하다. 연방준비제도는 심각한 인플레이션과 디플레이션으로부터 미국을 어느 정도 보호하고 있고 또 보호해야 한다.

신용 관리의 중요성

미국의 번영에 대해 미국인들은 가슴 뿌듯함을 느끼고, 외국인들은 부러움을 느낀다. 미국의 번영에 대한 설명도 사람마다 다 다르다. 2년에 걸친 물가 하락의 누적된 영향이 느껴지기 시작할 때까지 지속되었던 미국의 번영에 대한 설명으로, 미국인의 천재성, 발명 정신, 자본주의, 노동 효율성, 추진력, 산업의 "기계화", 민주주의, 금주령 등 다양한 요소가 꼽힌다. 그러나 이 모든 요소들 중에서 가장 중요한 요소는 아마 1921년 이후 줄곧 이어졌던 화폐의 안정일 것이다. 그럼에도 안정적인 화폐를 번영의 요소로 꼽는 사람은 거의 없다. 그러나 나는 화폐 가치가 안정되었던 시기와 번영의 시기가 일치하는 것을 결코 우연으로 보지 않는다. 3장에서 언급한 바와 같이, 1849년 이후 10개의 시기로 나눠지는 미국 역사에서 열 번째 시기(1922-1928)는 역사상 유례가 없을 정도의 번영과 화폐의 안정을 누렸다. 사실, 노동 효율성과 노동 만족, 과학적 관리, 저축, 산업의 기계화 같은 요소들 중 일부도 달러 가치가 안정된 덕에 산업 조직이 부드럽게 돌아가고 쉽게 조정된 결과 나타나게 되었다.

달러 가치의 안정이라는 요소는 우리 모두의 오랜 친구인 화폐 착각 때문에 쉽게 관찰되지 않는다. 인플레이션이나 디플레이션이 일어나지 않는 것이 어떻게 번영을 낳는지, 그 과정을 눈으로 확인하는 것은 어려운 일이다. 인플레이션이나 디플레이션이 일어나는 경우에 그것이 어떤 식으로 불운을 낳는지를 확인하는 것이 어려운 것이나 마찬가지이다. 실제로 보면, 인플레이션이나 디플레이션이 없는 상황에서 그런 현상의 부재가 낳는 효과를 파악하는 것이 더욱 어렵다. 왜냐하면 인플레이션이나 디플레이션이 일어나지 않고 있는 경우에는 인플레이션이나 디플레이션이 일어나고 있는 때보다 사람들이 그런 현상에 관심을 덜 쏟기 때문이다.

대부분의 사람들은 미국의 새로운 통화 정책을 제대로 관찰하지 못했다. 그런데 유일한 예외가 한 사람 있었다. 영국 재무부 장관을 역임했고 지금은 세계에서 가장 큰 은행의 행장을 맡고 있는 레지놀드 맥케나(Reginald McKenna)이다. 1927년 1-2월호 '미들랜드 뱅크 먼슬리 리뷰'(Midland Bank Monthly Review)를 보면, 그가 잉글랜드 은행이 80년 동안 살아남을 수 있었던 이유를 설명하는 내용이 나온다. 신용 상황을 관리하기 위해 제정된 1844년의 영국 은행법은 위기 시에 그 효력이 중단되는데, 이 같은 조치 덕분에 신용이 은행법에서 정한 금준비의 규모에 제한을 받지 않고 비즈니스의 필요에 더 잘 부응할 수 있었기 때문이라는 것이 그의 의견이다.

맥케나는 영국의 신용 및 통화 제도의 "이론적 기반과 실용적 기술"을 깊이 연구할 것을 제안했다. 그러면서 독자들에게 세계대전 이후로 중앙은행의 개혁이 알바니아와 오스트리아, 칠레, 콜롬비아, 체코슬로바키아, 단치히, 에콰도르, 에스토니아, 독일, 헝가리, 인도, 라트비아, 리투아니아, 페루, 폴란드, 러시아와 남아프리카에서 이뤄졌다는 사실을 상기시킨다. 이 나라들 중에서 인도를 제외하고는 단 한 곳도 영국의 은행법을 채택하지 않았다. 중앙은행의 개혁을 꾀한 모든 나라가 "탄력적인 통화"를 공급하고 제대로 관리만 하면 화폐의 흐름과 재화의 흐름을 조화시킬 수 있는 "연방준비제도"와 비슷한 제도를 채택했다. 멕케나는 잉글랜드 은행 총재들이 낡은 법을 바탕으로 은행을 잘 운영해온 기술에 찬사를 보내고 있다. 그러면서도 그는 미국이 더욱 큰 번영을 누리는 주된 이유로 연방준비제도의 두드러진 탄력성을 꼽고 있다.

국제적 협력

그러나 실질적인 면에서 보면 잉글랜드 은행은 이미 연방준비제도와 비슷한 활동을 하고 있다. 특히 증권의 매각 또는 매입이 잉글랜드 은행의 정책에서 갈수록 큰 비중을 차지하고 있다. 맥케나는 이렇게 말한다.

"잉글랜드 은행이 신용의 움직임을 관리하는 노력을 보면, 한때 보조 수단으로 이용되었던 공개시장조작 정책이 은행 할인율을 이용하던 방법을 상당 부분 대체하고 있다. 말하자면 잉글랜드 은행이 증권을 팔거나 구입하여 통화량을 조절하는 방법을 더 많이 활용하고 있다는 뜻이다."

유럽과 미국의 중앙은행들은 지금 그런 정책과 상호 관심사를 논의하기 위해 비공식적인 회의를 열고 있다. 1926년 6월에 뉴욕과 워싱턴에서 열린 회의에선 미국 금융가들과 연방준비제도와 재무부의 관리, 프랑스와 독일의 재무 담당 책임자들이 머리를 맞대고 금 본위제로 회귀하는 문제와 전 유럽에 걸쳐 물가 수준을 안정시키는 방법을 논의한 것으로 보도되었다.

1927년 7월에 회의가 미국에서 다시 열렸다. 뉴욕 연방준비은행의 벤저민 스트롱(Benjamin Strong) 총재의 말을 인용한 보도에 따르면, 이 회의에서 논의된 주제들이 "금의 구매력과 국제적 협력을 촉진할 다양한 제안들"이었다.

이 회의에 참석한 잉글랜드 은행의 몬테규 노먼(Montagu Norman) 총재는 스트롱 총재처럼 다양한 국가들의 중앙은행들이 금의 가치가 지나치게 떨어지거나 지나치게 올라가는 것을 막기 위해 최대한 노력해야 한다는 의견에 동의한 것으로 전해진다.

이 회의의 세 번째 구성원은 프랑스 은행의 샤를 리스트(Charles Rist) 부총재였다. 리스트 부총재는 가능한 한 금을 재화와 연동시켜 안정시키는 정책을 선호한다.

네 번째 구성원은 독일제국은행의 얄마르 샤흐트(Hjalmar Schacht) 총재였다. 샤흐트는 『마르크의 안정화』(The Stabilization of the Mark)라는 책의 저자이며, 작고한 남아프리카 공화국의 레흐펠트(R. A. Lehfeldt) 교수가 금의 구매력을 안정시키기 위해 금광에 대한 통제를 실시하자는 내용으로 '런던 이코노미스트'에 발표한 논문에 서문을 쓰기도 했다.

이 4명은 금의 구매력을 최대한 안정적으로 유지할 실질적인 방안을 논의할 인물로는 가장 잘 어울리는 조합이다. 금의 가치를 안정시킨다는 목표가 성취되면, 물가의 급격한 변동은 일어나지 않을 것이고, 따라서 모든 사람들에게 엄청난 혜택을 안길 것이다.

이젠 물가 안정을 이루는 것을, 말하자면 인플레이션과 디플레이션을 피하는 것을 세계 각국 중앙은행들의 공개적인 목표로 봐도 무방하다. 그 방식은 제노바 경제회의가 권고한 것과 매우 유사할 것이다.

연방준비제도와 다른 국가의 중앙은행들이 물가 안정을 보다 완벽하게, 또 보다 확고하게 이루는 길은 두 가지이다. 하나는 전통을 따르는 것이다. 은행들이 자체적으로 기술을 개발하고 서로 협력을 확장하는 것이 바로 그런 길이다. 잉글랜드 은행이 사적 조직에서 공적 조직으로 점진적으로 바뀌어간 것도 주로 전통의 힘을 통해서였다.

다른 길은 제노바 경제회의가 권고한 바와 같이 조약이나 "협약", 또는 관련 국가들의 법에 의지하는 방법이다. 현재 미국 의회에는 "스토롱 법안"이 제출되어 있다. 이 법안은 의식적으로 물가를 안정시킬 것을 요구하고 있으나 안정화를 추구하는 방법에 대해서는 연방준비제도에 재량권을 부여하고 있다.

연방준비제도의 국제적 영향

유럽이 매우 적극적으로 협력하지 않을 때조차도, 연방준비제도는 단독으로도 세계의 물가 수준에 막강한 영향력을 행사한다. 다른 국가들이 금 본위제를 유지하고 있는 한, 연방준비제도가 골드 달러의 안정을 위해 펼치는 노력은 금 본위제를 채택하고 있는 다른 국가들의 화폐의 안정에도 영향을 미친다. 왜냐하면 금 본위제를 채택한 모든 국가에서 물가 변동이 서로 비슷하게 움직일 것이기 때문이다.

스톡홀름의 베르틸 올린(Bertil Ohlin) 교수는 스톡홀름의 은행 스벤카 한델스방켄이 발행한, 1927년 6월 호 '지수'(Index)

에서 그런 예에 대해 언급했다. 그런데 그의 주장엔 다소 과장된 측면이 있다. 그는 금 가치의 변동이 물가에 미치던 영향이 완전히 사라졌다고 말하고 있다.

"시중에 공급될 신용의 규모는 연방준비제도 이사회가 경제적 관점에서 적절하다고 판단하는 선에서 결정된다.

이 같은 조치는 미국만 아니라 금 본위제를 채택하고 있는 모든 나라의 화폐제도에 혁명이나 다름없는 변화를 암시한다. 이로써 세계의 물가 수준을 관리하는 역할이 연방준비제도 이사회로 완전히 넘어가게 되었다.

연방준비제도 이사회가 신용 확대 정책을 추구하는 것이 바람직하다고 판단함에 따라 미국의 물가 수준이 올라가게 된다면, 미국이 보유한 금 중 일부가 다른 나라로 흘러가는 결과가 나타날 것이다. 그러면 그 금은 다른 나라의 신용 확대를 낳을 것이고 점차적으로 그곳의 물가 수준을 높이게 될 것이다.

한편, 미국에서 물가를 낮추는 것이 바람직하다는 의견이 나오면, 다른 국가들도 미국의 조치를 따르지 않을 수 없게 된다. 그렇게 하지 않으면 결국엔 다른 국가들의 물가 수준이 지나치게 높아져 국제수지가 악화되고, 따라서 이 국가들의 금이 미국 연방준비은행의 금고로 흘러가기 시작할 것이기 때문이다. 유럽의 중앙은행들은 자국 화폐의 가치를 안정시킨다는 측면에서 이런 현상을 가만히 보고만 있을 수 없으며 신용을 축소하는 정책을 써서 유럽의 물가도 마찬가지로 낮춰야 한다.

따라서 다른 국가들은 자국의 물가를 미국과 비슷한 수준에서 오르내리도록 하지 않을 수 없다. 만약에 연방준비제도 이사회가 금의 가치를 높이기로 결정한다면, 즉 디플레이션을 결정한다면, 연방준비제도의 금 보유량이 늘어날 것이다. 반대의 경우도 마찬가지이다. 미국에서 금의 가치를 떨어뜨리면 연방준비제도가 과도하게 보유한 금을 줄이게 되는데, 이때도 전 세계는 미국의 영향을 받게 된다.

연방준비제도는 금 가격 안정책을 실시하고 있는 것이나 마찬가지이다. 브라질 정부가 취하는 커피 가격 안정책과 비슷하다. 연방준비제도는 과도한 금 보유분 중 일부를 방출함으로써 전 세계에 걸쳐 금의 가치를 떨어뜨린다. 즉 세계 물가 수준을 높인다. 연방준비제도는 또 금 보유량을 늘림으로써 시중의 금을 귀하게 만들어 세계의 물가 수준을 떨어뜨린다.”

올린 교수의 주장은 기본적으로 맞지만 연방준비제도의 영향력을 지나치게 과장하고 있다. 연방준비제도의 영향력은 완벽한 통제와 거리가 멀며, 연방준비제도 하나만으로는 완벽한 통제가 불가능하다. 다른 나라들이 미국에 미치는 영향 또한 강력하다. 예를 들어, 지난 2, 3년 사이에 영국의 디플레이션은 아마 미국의 물가 하락에 큰 영향을 미쳤을 것이다. 신용에 대한 조치는 어떤 것이든 전 세계에 영향을 미치게 되어 있다.

그러나 충분히 발달하고 협력만 제대로 이뤄진다면, 연방준비제도와 다른 나라 중앙은행들의 이런 영향은 효율적인 신용 관리로 성장할 수 있을 것이다. 그런 효율적인 신용 관리가 전 세계에 걸쳐 금 관리로 충분히 뒷받침을 받게 될 때, 물가 수준과 화폐의 구매력을 효과적으로 관리하는 단계에 한층 더 가까이 다가서게 될 것이다. 케머러 교수는 이렇게 말했다.

"다행히도 지난 6년 동안, 미국이 세계 신용 시장에서 지배적인 위치를 차지했을 뿐만 아니라 엄청난 양의 금까지 축적하고, 다른 주요 국가들의 중앙은행들과 협력하는 가운데 연방준비제도를 탁월하게 잘 운영한 덕분에, 전 세계에서 금을 바탕으로 한 화폐 단위가 가치 면에서 비교적 안정을 유지할 수 있었다. 그러나 불행하게도 이런 유리한 조건들이 무한정 계속될 것이라고 낙관적으로 생각할 근거는 아무것도 없다. 분명히, 미국은 미래에는 지난 몇 년 동안 한 것처럼 세계를 위해서 금준비율을 높게 유지할 수 없고 또 그렇게 해서도 안 된다. 그렇게 하는 데 드는 비용이 한 나라가 감당하기에 너무 크고 또 책임도 지나치게 크다. 더욱이, 미래의 금 생산 자체가 대단히 불확실하다. 금 생산이 세계의 수요보다 더 빨리 늘 것인가 아니면 더 느리게 늘 것인가? 이것은 논란의 여지가 매우 큰 질문이다. 이 질문에 대한 대답이 어떻게 되느냐에 따라 미래의 금 가치가 크게 달라질 것이다. 만약에 현재의 금 본위제가 계속된다면, 수십 억 명의 행복이 이 질문에 대한 대답에 좌우될 것이다.

지난 몇 년 사이에 통화 불안정 문제에 대한 이해가 크게 높아졌다. 그러나 통화 가치 안정이라는 중대한 문제는 아직 해결되지 않고 있다. 나의 판단엔, 이 문제도 풀릴 수 있고 또 언젠간 풀리게 될 것이다."

8장

정부는 무엇을 할 수 있는가?

금 본위제로 회귀

신용 관리, 심지어 국제적 신용 관리가 이미 발달하고 있는 중이라는 사실을 확인했다. 신용 관리는 세부사항만이라도 정부가 아니라 중앙은행에 의해 이뤄져야 한다. 정부의 역할은 전반적인 규약을 마련하는 선에서 끝나야 한다. 그러나 정부가 신뢰할 만한 화폐 본위를 갖기 위해서 해야 할 일은 그것보다 훨씬 더 많다. 무엇보다 먼저, 과거에 최악의 인플레이션은 정부 예산의 불균형에서 비롯되었다는 사실에 주목해야 한다. 앞에서 본 바와 같이, 정부는 수지의 균형을 맞추지 못할 경우에 화폐를 찍어서 지출한다. 그런 식의 지폐 발행은 종종 인플레이션의 주요 원인이 된다. 이런 인플레이션이 일어날 때, 화폐 가치의 안정을 위한 첫 조치는 정부에서 나와야 하며, 그 조치는 당연히 예산의 균형을 맞추는 것이어야 한다. 세계대전 이후 유럽에 절대적으로 필요했던 것이 바로 예산의 균형이었다. 예산의 균형이 이뤄지지 않는 상태에서, 안정적인 화폐는 사실상 불가능하다. 금 본위제로 돌아가는 것도 예산의 균형이 이뤄진 상태에서만 가능하다. 세계대전 이후로, 유럽의 주요 국가들은 마침내 하나씩 예산의 균형을 이뤘으며 금 본위제를 다시 채택하거나 금 본위제와 아주 비슷한 "금환 본위제도"를 채택했다. (금본위제도에서는 모든 화폐가 금으로 태환이 가능하고, 금환 본위제도에서는 모든 화폐가 다른 나라의 금으로 태환할 수 있는 환어음으로 바뀌진다.) 몇몇 나라는 아직 금 본위제로 돌아가지 않았다. 그 나라들 중에서 가장 중요한 국가는 프랑스이다. 국제적 안정을 꾀할 수 있는 유일한 길은 전반적으로 금 본위제나 그와 비슷한 금환 본위제로 돌아가는 것이다.

금 본위제로 돌아가는 3가지 방법

금 본위제로 다시 돌아가는 방법에는 3가지가 있다. 먼저 독일의 방법이 있다. 인플레이션으로 이미 실질적 가치가 제로나 마찬가지가 된 지폐에 대해 지급을 거절하는, 말하자면 지폐를 완전히 폐기하고 전면적으로 골드 마르크로 다시 시작하는 방법이다. 다른 하나는 영국이 이용한 방법이다. 디플레이션을 통해 지폐 파운드의 가치를 골드 파운드의 가치와 똑같은 수준으로 끌어 올리는 방법이다. 다른 방법은 골드 리라의 무게를 기존의 지폐 리라의 가치와 동일하게 낮춘 이탈리아의 방법이다. 이 3가지 방법은 각각 지불거절(repudiation), 태환재개(resumption), 평가절하(devaluation)라 불린다. 첫 번째 방법, 즉 지불거절은 채권자들에게 불공평하게 작용했고, 두 번째 방법, 즉 태환재개는 채무자에게 불공평하게 작용했다. 세 번째 방법, 즉 평가절하가 불공평한 측면이 가장 적었다. 이유는 리라에 대한 가치 평가가 정책이 시행되던 시점의 구매력을 바탕으로 했기 때문이다.

물론 첫 번째 방법은 국가의 자존심을 훼손시킨다. 파산 또는 배신을 고백하는 것처럼 보이기 때문이다. 따라서 가능하다면 이 해결책을 피하게 된다. 그러면 선택은 두 번째 방법과 세 번째 방법, 즉 태환재개와 평가절하 중 하나이다. 둘 중 하나를 선택해야 한다면, 국가의 자존심 때문에 언제나 태환재개가 선호된다. 겉보기에 마치 원래의 화폐 단위로 돌아가는 것처럼 보이기 때문이다. 반면 평가절하는 부분적인 지불거절처럼 보인다. 태환재개는 "정상으로의 복귀"처럼 보이고, 평가절하는 비정상적인 상황을 영원히 굳히는 것처럼 보인다. 영국 기업가들은 자국의 파운드 스털링을 달러와 비교해 가장 낮았던 약 3.70달러에서 금평가(金平價) 가치와 같은 약 4.866달러로 다시 올렸다는 사실에 대단한 긍지를 느꼈다. 반면에 이탈리아는 리라를 금평가 가치인 19.3센트까지 올리려는 노력을 포기하고 달러당 19리라, 즉 5.26센트에서 고정시켰다.

세계대전 전의 "정상"

그러나 재화를 기준으로 따지면, 어느 나라도 전쟁 전의 '진짜' 가치로 돌아가지 않았다. 왜냐하면 재화로 환산하는 경우에 달러 자체가 1913년의 3분의 2에 지나지 않기 때문이다. 따라서 영국의 파운드도 마찬가지로 1913년 가치의 3분의 2에 지나지 않는다. 전쟁 전의 가치를 정상으로 잡고 그것을 목표로 잡은 영국인들의 논리대로라면, 영국인들은 금 본위제로 돌아가면서 파운드의 가치를 50%나 더 높여야 했을 것이다.

물론, 어떤 의미로도 1913년이 정상일 수는 없다. 1813년이나

1713년이 정상이 될 수 없는 것이나 마찬가지이다. 혹여 정상이란 것이 있다 하더라도, 정상은 언제나 변하고 또 언제나 그 당시에 맞춰 조정될 필요가 있다.

"정상"이라는 단어의 사용을 통해서 소중히 여겨야 할 것이 있다면, 그것은 바로 지폐를 원래의 금화와 바꿔주려는 정부의 의지이다. 정부가 화폐와 관련해 국민과 한 약속을 지킬 의무를 지겠다는 의지가 "정상"이라는 단어에 담겨 있다는 뜻이다. 정부가 지폐 표면에 적힌 조건에 따라 지폐를 태환해 주지 않는다면, 당연히 그 정부는 의무를 다하지 않은 셈이다.

그러나 이탈리아나 프랑스처럼, 정부가 이미 10년 이상 동안 그 의무를 이행하지 않았고 또 이행할 수 없는 입장이라면, 그때는 상황이 크게 달라진다. 이론적으로 보면, 프랑스나 이탈리아 정부는 자국 지폐에 인쇄된 문구에 따라 지폐 프랑이나 지폐 리라를 "소지한 사람"에게 각각 골드 프랑이나 4 내지 5센트가 아닌 19.3 센트의 가치가 나가는 리라를 빚지고 있다. 그러나 현재 지폐를 소지하고 있는 사람은 지폐 프랑의 하락이나 지폐 리라가 원래 19.3센트에서 4 내지 5센트로 떨어진 데 따르는 손실을 입은 그 사람이 아니다. 오늘의 "소지자"보다 앞에 그 지폐를 소지했던 수많은 사람들도 모두 며칠 또는 몇 주일씩 정부로부터 그런 약속을 들었다. 그래서 그 손실은 그들 사이에 분배되었다고 볼 수 있다. 그들 모두에게 손실을 보상해주는 것은 현실적으로 불가능하다. 그리고 정부가 현재의 소지자에게 그 동안 지불 불능 상태에 있던 금액을 돌연 지급함으로써 그 사이에 수많은 사람들이 조금씩 입었던 손실을 한 사람에게 한꺼번에 보상해줄 수 있다는 생각도 터무니없는 발상이다. 마지막 지폐 소지자에게 그 동안 수많은 사람들이 입은 손실을 한꺼번에 보상해 주는 경우에, 지금 지폐를 소지하고 있는 사람은 어제 마지막 소지자로부터 그 지폐를 받으며 기대한 것보다 네댓 배 더 많은 가치를 누리게 될 것이다.

만약에 폴에게 주기 위해 피터에게서 강탈하는 것이 정의롭지 않다면, 수백 명의 피터 같은 사람에게서 조금씩 강탈한 것을 폴에게 몽땅 주는 것도 마찬가지로 정의롭지 못하다. 그렇다면 정직이라는 측면에서 볼 경우에 태환재개 방법을 옹호할 명분이 약해진다. 문제는 틀림없이 정직의 문제이지만, 그 정직은 단순히 형식적인 정직이 아니라 실질적인 정직이어야 한다. 실질적인 정직의 문제라면, 지폐에 적힌 정부의 약속은 국민들이 그 동안 지폐 자체에 대한 믿음을 바탕으로 선의에서 한 무수한 계약들과 비교하면 사소하다. 따라서 금 본위제로 돌아갈 때 태환재개의 방법을 이용하는 정부는 사실상 대중과의 약속을 지키지 않는 셈이다.

이탈리아는 태환재개 방법을 시도하면서 리라의 가치를 약 4센트에서 19.3센트로 끌어올리려고 노력했다. 그러나 디플레이션을 강요하는 정책을 통해 리라의 가치가 5.5센트에 달했을 즈음, 불경기와 실업이 따르자 베니토 무솔리니(Benito Mussolini)는 그 계획을 포기하고 말았다. 그러나 그건 현명한 조치였다. 그가 계획을 계속 밀고 나갔더라면, 이탈리아의 거의 모든 기업이 도산하고 망하는 사태가 벌어졌을 것이다.

프랑스는 이탈리아보다 더 현명하게도 태환재개의 노력을 아예 하지 않고 대신에 프랑의 현재 구매력이나 거기에 가까운 선으로 가치를 절하하는 방법을 택할 것이다.

정상적인 수준이란?

하지만 통화 가치를 절하할 때, 이상적인 가치 수준은 어느 정도인가? 대체로 이상적인 가치 수준은 당시의 구매력의 수준에 아주 가까울 것이다. 그 이유는 기존의 계약 대다수가 최근에 맺은 것이고 오래된 것이 아니기 때문이기도 하고, 또 오래된 계약이더라도 대부분이 최근에 현재 소지한 사람의 소유로 바뀌었을 것이기 때문이다. 철도 채권은 원래 50년 전에 발행되었을 수 있지만, 지금 그 채권을 소지하고 있는 사람들은 그것을 어제, 그리고 매우 다른 조건으로 구입했을 수 있다. 현재의 화폐에 일어나는 변화는 오직 현재의 소지자에게만 영향을 미칠 뿐이며, 현재의 소지자보다 앞서 50년 동안 그 채권을 소지했던 수많은 사람들에게는 아무런 영향을 미치지 않는다. 예전에 채권을 소지했던 사람들은 예전에 지폐를 소유했던 사람들과 마찬가지로 지금은 찾아내지 못한다. 지금 철도 채권을 소유하고 있는 사람들 중에서 처음부터 갖고 있었던 사람은 극소수에 지나지 않는다. 그런 극소수의 사람들을 돕기 위해 다수에게 피해를 안길 그런 기준을 선택할 권리는 절대로 없다.

이론적으로는 현재 채권을 갖고 있거나 다양한 계약이나 약정을 체결한 사람들이 그런 행위를 했을 당시의 물가 수준을 모두 모아서 평균을 내는 방법으로 정상적인 수준을 보다 세밀하게 계산하는 것도 가능하지만, 그런 계산을 통해 얻는 결과도 기존의 수준과 크게 다르지 않을 수 있다.

진실은 이렇다. 인플레이션이나 디플레이션이 일어나기만 하면, 그에 따른 악들을 완전히 치유할 가능성은 거의 없다는 것이다. 이 악들의 일부를 치유하려는 "농가 구호(救護)"도 비실용적인 것 같다. 이렇듯 치유는 어렵지만, 인플레이션이나 디플레이션에 대해 잘 알고 또 그것을 잘 이용하려 노력한다면 예방은 언제나 가능하다.

국제적 문제

어떤 방법을 택하든, 금 본위제를 채택하거나 금 본위제로 회귀하는 것은 분명 정부의 조치를 통해서만 가능하다. 그렇다면 그 다음 질문은 이것이다. 정부가 그 이상으로 할 일은 없는가?

문명 세계 전체가 다시 금 본위제를 채택하게 된다면, 통화 안정화의 문제는 완전히 국제적인 문제가 될 것이다. 금이 국제 수지를 청산하기 위해 자유롭게 오갈 것이고, 따라서 금의 자유로운 흐름은 국가들 사이의 물가 수준을 같게 하는 경향을 보일 것이다. 그러면 각국은 금 본위제를 채택하는 조치 자체가 자국의 운명을 다른 국가들의 금융 및 정부 방침에 맡기는 상황에 처하게 될 것이다. 그건 당연하다. 달러가 미국에서 구입할 수 있는 재화의 양은 유럽 국가들이 평화를 유지하고 있는가 전쟁을 벌이고 있는가에 따라 달라질 것이다. 그리고 프랑이나 마르크, 리라, 혹은 파운드가 유럽에서 살 수 있는 재화의 양도 미국 연방준비제도의 조치에 따라 달라질 것이다. 통화 안정화라는 문제보다 더 철저하게 국제화된 문제는 없다. 왜냐하면 어느 한 나라의 화폐에 영향을 미치는 정부 또는 중앙은행의 조치는 같은 본위를 가진 다른 국가들의 화폐에 반드시 영향을 미치게 되어 있기 때문이다.

금 본위제는 금 본위제를 채택한 국가들의 화폐 저수지들을 서로 파이프로 연결하게 된다. 그러면 그 이후로 금은 자유로이 이 저수지에서 저 저수지로 흐르면서 각 저수지의 수면의 높이를 비슷하게 맞출 것이다. 당연히 영국 물가와 미국 물가, 그리고 다른 모든 나라의 물가 수준은 함께 오르거나 떨어질 것이며, 달러와 파운드를 포함한 모든 화폐 단위들의 구매력도 함께 떨어지거나 오를 것이다. 모든 화폐들이 이런 식으로 국제적으로 서로 연결되는 것이 금 본위제를 공통으로 채택하는 데 따르는 주요 효과일 것이다.

미래의 금 문제

그러나 금 본위제 자체는 심각한 인플레이션이나 디플레이션을 막는 안전장치의 역할을 거의 하지 못한다. 실제로 보면, 금 본위제는 앞 장에서 살핀 바와 같이 신용 관리를 통해 누릴 수 있는 보호 수단을 오히려 위태롭게 만들 수 있다. 말하자면, 금 본위제는 신용 관리의 영향력을 지리적으로 널리 퍼뜨리는 데에는 도움이 되지만 신용 관리가 화폐를 안정시키는 힘을 방해할 위험을 안고 있다는 뜻이다. 만약에 정부들이 중앙은행들과 협력하지 않는다면, 신용 관리와 금 본위제가 서로 엇갈리는 목적을 추구하고 있는 것이 확인될 것이다.

예를 들어 보자. 만약에 지금으로부터 10년 후에 금이 부족해서 금준비가 법정 최저 한도선으로 떨어진다면, 비즈니스 활동이 신용의 추가 확대를 필요로 하는 상황에서도 신용 확대가 법에 의해 자동적으로 금지될 것이다. 그러면 재화의 흐름이 화폐의 흐름을 능가하게 될 것이고, 물가 수준은 떨어질 것이다. 당연히 불황과 실업이 이어질 것이고, 디플레이션에 따른 다른 악들도 나타날 것이다.

이것은 정말로 심각한 위험이다. 그래서 조지 로버츠(George E. Roberts) 같은 금융 전문가들은 이 위험에 특히 많은 관심을 쏟고 있다. 이 책의 중요한 목적 하나는 금융가와 기업가, 경제학자들이 디플레이션이나 그 반대인 인플레이션 같은 재앙을 사전에 예방하는 방향으로 생각하도록 돕는 것이다. 인플레이션이 일어나는 경우엔 금이 홍수를 이루면서 신용 관리를 압도해버릴 것이다.

인간적인 견지에서 말하면, 디플레이션이나 인플레이션은 분명히 일어나게 되어 있으며, 그 결과가 경제적으로 너무나 심각하기 때문에 디플레이션이나 인플레이션에 대한 예상은 빠를수록 좋다.

독자 여러분은 이미 추론했을지 모르지만, 미국이 지난 몇 년 동안 누린 안정은 예외적인 기회의 결과였다. 이 기회가 생길 수 있었던 것은 지나치게 크지도 않고 또 지나치게 작지도 않으면서 그렇다고 무시할 수 없을 정도의 잉여 금준비 덕분이었다. 이 잉여 금준비가 신용 관리가 방해를 받지 않고 이뤄질 수 있는 편리한 여유 또는 자유를 제공한다. 따라서 미국은 폭넓은 한도 안에서 구속받지 않는 그런 관리 통화를 갖고 있다고 할 수 있다. 법으로 정한 양보다 더 많으면서도 관리 불가능할 만큼 많지는 않은 그런 금준비를 갖출 기회는 과거에 한 번도 존재하지 않았으며 앞으로 다시 오기는 어려울 것이다. 그런 기회의 축복이 영원히 이어지도록 하길 원하면, 신용 관리를 통해서 물가 수준을 안정시킬 수 있을 만큼 금 본위제를 탄력적으로 유지해야 할 것이다. 한마디로 말해, 금 관리의 핵심은 금이 신용 관리를 방해하지 않도록 막는 데에 있다.

방치의 위험

위험한 것은 금 관리를 위한 계획을 미리 세우지 않고 운에 맡겨버리는 것이다. 이 위험은 3가지 이유로 중요하다. (1)화폐 착각 때문에 대부분의 사람들은 디플레이션이나 인플레이션에 대비하는 것도 가능하다는 사실 자체를 깨닫지 못하고 있다. (2)금 본위제는 자동적으로 굴러가도록 내버려둬야 하고 또 정부가 개입해서는 안 된다는 믿음이 있다. (3)개선이 전혀 이뤄지지 않은 이런 "케케묵은 금 본위제"의 혜택에 대한 맹신이 있다. 문제 해결을 가로막는 이 장애들 중 첫 번째 장애, 즉 화폐 착각이 이 책이 다루고 있는 주제이다.

"자동적인" 금 본위제

두 번째 장애, 즉 정부는 금 본위제가 "자동적으로" 돌아가도록 내버려둬야 한다는 생각, 이를테면 금 본위제가 입법 조치의 도움을 전혀 받지 않는 가운데 저절로 작동하도록 내버려둬야 한다는 생각에 대한 대답은 정부의 기능들 중에서 주민들이 일상적으로 측정할 때 쓰는 단위들을 안정적으로 지키는 기능보다 더 중요한 것은 없다는 것이다. 미국에는 길이와 무게, 부피, 전기, 그리고 거래에 쓰이는 다른 모든 단위들을 정하는 표준국이 있다. 그런데 표준국에서는 모든 단위들 중에서 가장 중요하고 또 가장 보편적으로 쓰이고 있는 단위인 가치의 단위는 정하지 않고 있다. 미국 연방 헌법은 "화폐를 주조하고 그 화폐의 가치를 조정하고, 무게와 척도의 표준을 정할" 권리를 의회에 부여하고 있다.

미국의 물가 수준과 금 본위제를 수요와 공급의 "자연스런" 작용에 맡기고 "임의적인" 간섭을 피해야 한다는 대중적인 허구가 있다. 당연히 모든 측량 단위는 "임의적"이다. "자연적인" 야드 같은 것은 절대로 있을 수 없다. 1골드 달러는 금 23.22그레인으로, 이미 "임의적이다". 사실 골드 달러를 무게로 고정시키는 것은 부자연스러울 만큼 임의적이다. 왜냐하면 이 같은 조치가 금의 수요와 공급이 금 가격에 미치는 영향을 간섭하기 때문이다. "자연적인" 상태라면 금의 가격도 은의 가격만큼이나 자유롭게 변동해야 할 것이다. 그러나 금의 가격은 변동하지 못하고 온스 당 20.67달러에 묶여 있다.

둘째로, 오늘날 금 본위제가 "자동적"이거나 "자동적일 수 있다"는 생각은 잘못이다. 앞에서 본 것처럼, 금은 치과 치료나 도금 액자, 시계, 반지와 보석 등의 쓰임새보다 금융 정책의 영향을 더 강하게 받고 있다. 금이 치과용이나 예술 분야에 쓰이는 용도는 금융에서 차지하는 중요성에 비하면 사소하다. 레지놀드 맥케나가 말했듯이, 세계는 지금 금괴와 연결된 금 본위제가 아니라 신용 관리와 연결된 "달러 본위제"를 채택하고 있다. 영국인들이 자동적인 금 본위제 같은 제도를 채택했을 때 이 같은 사실을 알았더라면, 그들이 그런 사실 앞에서도 좋은 기분을 느꼈을지 궁금해진다. 영국인들이 실제로 한 것은 영국이 관리하던 본위제를 미국이 관리하는 본위제로 대체한 것에 지나지 않는다. 영국인들은 자국 정부가 지폐를 안정적으로 제대로 관리해 줄 것이라는 믿음을 갖지 못하고 지금 미국의 연방준비제도에 의지하고 있는 셈이다. 사람들에겐 인간적인 분별력이 있다. 이 분별력은 물가 수준을 관리하지는 못해도 적어도 물가 수준에 영향을 끼치고 있다. 자동적인 금 본위제 같은 것은 더 이상 세상에 존재하지 않는다. 그리고 그 같은 사실에 우리 모두 깊이 감사하는 마음을 품어야 할 것이다.

　오직 분별력을 발휘함으로써만, 미래의 어느 날 달러를 완벽하게 안정시키는 것이 가능해질 것이다. 따라서 일반 대중이 문제의 본질을 이해하게 될 때, 정부도 길이의 기준을 안전하게 지키는 것과 똑같이 달러의 가치를 지키는 일에도 합당한 역할을 맡고 나서지 않을 수 없게 될 것이다.

금에 얽힌 전설

세 번째 장애, 즉 "케케묵은 금 본위제"의 혜택에 대한 맹목적인 믿음을 고려하기 위해, 역사가 들려주는 이야기부터 들어보도록 하자. 금의 이점에 관한 현대의 전설은 나폴레옹 전쟁의 산물이며, 대개 영국의 '골드 불리언 위원회'(Gold Bullion Commission)가 1810년에 영국 의회에 제출한 유명한 보고서에서 비롯되었다. 이 보고서는 물가 변화와 환율 변동을 화폐와 유통과의 관계 속에서 경제적으로 분석하려 한 최초의 노력이었다. 충분히 예상할 수 있듯이, 이 보고서는 위원회 앞에 나온 증인들의 대다수가 화폐 착각 때문에 실상을 제대로 보지 못하고 있었다는 사실을 명백히 보여주고 있다. 증인들은 지폐로 환산한 금괴의 가격이 높은 것은 금의 희소성 때문이라고 생각했다. "전쟁에 따른 불안 심리와 불신 때문에 금 사재기가 일어난 때문인 것도 맞지만", 기본적으로 나폴레옹 전쟁 동안에 군사비 지출을 위해 금을 많이 필요로 한 결과 금이 귀해졌기 때문이라는 설명이었다.

예를 들어, 당시 잉글랜드 은행 부총재였다가 뒤에 총재가 된 존 피어스(John Pearse) 같은 사람은 이렇게 증언했다. "나는 은행권의 발행량이 금괴의 가격이나 환율에 어느 정도 영향을 미치는지를 볼 수 없으며, 따라서 나는 개인적으로 금괴의 가격 또는 환율이 은행권 발행량을 줄여야 하는 이유가 절대로 될 수 없다는 의견을 갖고 있다." 이 증언이 있은 다음에 위원회는 잉글랜드 은행 총재이던 존 위트모어(John Whitmore)에게 같은 의견인지를 물었다. 그의 대답은 이랬다. "나의 의견도 크게 다르지 않다. 지폐를 발행하면서 금의 가격이나 환율에 주의를 기울여야 한다고 생각하지는 않는다." 또 다른 은행의 책임자였던 예레미아 하먼(Jeremiah Harman)은 이런 의견을 제시했다. "환율이 지폐 통화량의 영향을 받는다고 생각하려면, 지금까지 내가 견지해 온 의견을 대폭 수정해야 할 것 같다." 이어서 위원회는 "이 원칙[즉, 지폐 발행과 금의 가격 사이에 전혀 아무런 관계가 없다는 주장)이 논리적으로 매우 옳지 않은 원칙"이라는 점을 보여주었다.

역사 속의 이런 단편적인 이야기는 당시의 지도적인 금융가들이 금 본위제가 아니라 지폐 본위제를 충실히 옹호한 사람이라는 점을 보여주는 것으로, 아주 재미있다.

'불리언 리포트'는 화폐 공급과 물가의 문제에 대해, 보고서가 작성된 시점을 기준으로 대단히 신중한 견해를 표명했으며 지금도 통화의 무제한적 발행을 옹호하는 사람들에게 맞설 때 여전히 그 증거로 이용되고 있다. 그 보고서는 당시에 금괴의 가격이 높다는 것은 지폐의 가치가 떨어졌다는 것을, 또 금이 지폐보다 더 나은 본위라는 것을 보여주고 있는 혁명적인 문서였다.

고정된 무게에 대한 집착

금이 지폐보다 더 나은 본위라는 것은 오늘날 당연한 것으로 받아들여지고 있다. 오늘날의 금융가와 기업가는 이 같은 결론에 더 이상 반대하지 않는다. 그러나 일부 금융가와 기업가는 대신에 그것 이상으로 나아가는 데 반대하고 있다. 그런 금융가와 기업가들은 금 본위제를 모든 화폐 발달의 종국적 목표로 생각하고 있는 것 같다. '불리언 리포트'는 나폴레옹 전쟁이 일어난 시대에 생각해낼 수 있었던, 안정적인 화폐에 대한 의견으로 최고 수준의 의견을 제시했다. 그러나 세계대전을 치른 지금엔 '불리언 리포트'의 저자들이 누릴 수 없었던 지수를 이용할 수 있게 됨에 따라 화폐 안정을 향해 한 걸음 더 나아갈 수 있어야 한다. 지수를 이용하면 상품 본위제 같은 것이 가능해진다. 금 본위제가 지폐 본위에 비해 큰 발전이었듯이, 상품 본위제는 방임적인 금 본위제에 비해 큰 발전이 될 것이다.

그러나 유럽 국가들이 세계대전 동안에 금 본위제를 포기한 뒤 지폐 본위보다 훨씬 더 훌륭한 금 본위제로 돌아가자는 생각부터 먼저 떠올린 것은 지극히 당연했다. 또 사람들이 잘 아는 본위제 중에서 가장 나은 것이 금 본위제였으니, 그런 생각은 그야말로 자연스러웠다.

그렇다면 금준비가 법정 최저 한도에 가깝거나 반대로 금이 과도하게 많을 때 금 본위제가 신용 관리를 제한하는 현상을 예방하기 위해 금 본위제를 개선시킬 길은 없는가?

만약에 10년 후든 50년 후든 금준비의 법정 한계선 위의 여유가 모두 사라지고 더 이상 당시의 금준비를 바탕으로 신용을 제공하지 못하게 되는 날이 온다면, 그때는 디플레이션을 예방할 조치를 적극적으로 취하지 않을 경우에 디플레이션이 일어나고 말 것이다. 아니면 반대 방향으로 극단적인 상황이 벌어지면, 말하자면 금이 지나치게 풍부하게 되면, 인플레이션을 예방할 조치가 취해지지 않을 경우에 반드시 인플레이션이 일어날 것이다. 두 가지 상황 중 어느 것이 일어나든, 신용 관리는 세상의 모든 은행이 최선의 노력을 기울임에도 불구하고 붕괴하고 말 것이다. 그렇게 되면 연방준비제도의 지도자들도 달러 안정화를 책임지지 못하는 사태가 벌어질 것이다.

그러면 자동적인 금 본위제가 복수의 칼을 휘두르게 될 것이다. 그런 상황에서 우리는 금 본위제에 아무런 영향력을 행사하지 못하게 된다. 이제 금 본위제는 운(運) 본위제로 전락하고 말 것이다.

해결의 연기

자동적인 금 본위제가 복수의 칼을 휘두르는 그런 무시무시한 날은 다양한 방법으로 미뤄질 수 있다. 현재 가장 확실하게 이용할 수 있는 방법은 제노바 경제회의가 인정한 것으로서, 금을 효율적으로 이용하는 것이다. 말하자면 금에 대한 수요를 줄이는 것이다.

금을 효율적으로 이용하는 방법에는 4가지가 있다.

(1) 시중에 유통되는 금을 은행으로, 특히 중앙은행으로 모을 수 있다. 특히 세계대전 이후로 유럽 대륙의 국가들과 영국, 인도 등에서 이런 조치가 취해졌다. 미국에서도 금화증권을 유통시키지 않고 대신에 연방준비은행권을 발행했을 때, 이와 똑같은 조치가 취해졌다. 금화증권은 전액 금으로 뒷받침되지만, 연방준비은행권은 40%만 금으로 뒷받침된다. 영국과 인도에서 한 바와 같이, 금괴를 이용하고 금화 주조를 중단하면 금을 유

통 과정으로부터 보다 쉽게 빼낼 수 있다.

(2) 금준비를 미국처럼 중앙은행으로 집중할 수 있다.

(3) 금환 본위제도도 금의 효율적 이용을 돕는다. 왜냐하면 통화량을 금과 동일하게 유지할 목적으로 외국에 맡기는 금준비가 고전적인 금 본위제를 유지하기 위해 국내 은행들에 넣어 두는 금준비보다 훨씬 더 작을 수 있기 때문이다.

(4) 국제 결제 시스템은 채무국에서 채권국으로 금을 수송할 필요성을 크게 줄임으로써 금을 효과적으로 이용하게 한다. 어느 한 도시에 소재한 은행 간 결제 시스템이 채무 은행이 채권 은행에 금을 지급하는 대부분의 과정을 생략하게 해주는 것과 똑같다.

이 4가지 방법은 이미 유럽에서 어느 정도 채택되어 활용되고 있다. 그렇게 하지 않았더라면, 아마 세계 각국들 사이에 금을 사려는 경쟁이 이미 치열하게 전개되고 있을 것이다. 여기서도 제노바 경제회의가 옹호한 건전한 원칙들이 금에 대한 관리를 시작하게 함으로써 실용적으로 대단히 소중하다는 사실이 다시 확인되고 있다. 제노바 경제회의가 제시한 원칙들은 신용 관리의 시작을 알린 셈이다.

이미 금 본위제로 돌아간 유럽과 남미 국가들 대부분, 특히 "국제 머니 닥터"(international money doctor)로 통하는 케머러 교수의 지도 아래에 금 본위제로 복귀한 국가들은 금 결제 시스템을 채택하고 금준비를 뉴욕에 맡겨놓고 있다. 한편, 이와 정반대의 위험이 어렴풋이 나타나기라도 하면, 말하자면 금이 지나치게 많아지면, 정반대의 치료법이 적용될 것이다. 말하자면 금환 본위제를 금 본위제로 대체하는 것이다. 그러면 뉴욕에 있는 외국 소유의 금이 각국으로 분산되거나, 소수의 중앙은행에 있던 금이 다수의 상업은행으로 분산되거나, 상업은행에 있던 금이 대중의 주머니나 금고로 분산될 것이다. 그런 분산이 이뤄질 때마다, 보다 많은 금이 필요하게 될 것이다. 거꾸로 금이 집중될 때 보다 적은 금이 필요한 것과 똑같은 이치이다.

금준비를 집중하거나 분산시키는 이 방법은 적절히 이용되기만 하면 우리의 목적에 충분하며 또 앞으로도 오랫동안 충분할 것이다. 그러면 남아도는 금준비는 신용 관리를 여유롭게 하는 효과를 낳을 것이다.

또 다른 한 방법, 즉 앞에 설명한 방법의 한 특별한 형식은 금준비율에 변화를 주는 것이다. 이 방법을 쓰다 보면, 준비율을 100% 이상으로 터무니없이 높게 책정해야 할 때도 있고 또 1%도 안 되는 수준으로 터무니없이 낮게 책정해야 할 때도 있다. 터무니없이 낮게 책정하는 경우에, 당연히 금 본위제에서도 모든 화폐에 대한 태환을 즉시적으로 충족시키지 못할 것이다. 만약에 태환이 즉시적으로 이뤄지지 않고 3개월의 사전 통보를 요구한다면, 훨씬 적은 양의 금준비로도 충분할 것이다. 이런 식이라면 태환 전에 통보해야 하는 시기를 무한정 늘리는 것도 가능할 것이고, 그러다 보면 금으로 태환하는 것이 점진적으로 사라질 수도 있다. 사람들 모두가 금 본위제를 선호하는 편견을 갖고 있음에도 불구하고, 금 본위제는 돌연 포기되든가 점진적으로 포기될 것이다.

어느 유명한 경제학자가 최근에 기업가 친구들과 나눈 대화에 관한 이야기를 나에게 들려주었다. 화폐 안정화를 "볼 수 없었던" 친구였다. 이 경제학자가 기업가 친구들에게 질문을 던졌다. "일부 독일인이 합성 금을 만들어 수지를 맞추거나 바닷물에서 수지맞는 금을 추출하는 방법을 개발해야 한다고 가정해 보자. 그들은 두 가지 다 시도했으나 실패하고 말았어. 그러나 만약에 그들이 성공해서 세상에 금이 넘쳐나고 금이 종이만큼 싸질 위험에 처했다고 생각해 보라. 그러면 당신들은 어떻게 할 것인가?"

기업가 친구들은 모르겠다고 대답했다.

그러자 이 경제학자는 친구에게 이런 식으로 말했다. "당신들이 취할 행동을 말하면 이럴 거야. 당신들의 눈에도 비상사태인 것이 분명해. 가장 먼저, 세계 각국의 정부들을 통해 조폐국이 금화를 찍지 않도록 해야 할 거야. 인도가 1893년에 조폐국이 은화를 찍지 않도록 한 것처럼. 그런 것이 안정화 조치야. 말하자면, 그런 조치가 인플레이션을 예방할 것이란 뜻이지. 그러다가 후에 금이 귀해지면 다시 조폐국을 열고 금화를 찍는 거야. 이때도 일부만 찍어야 해. 아니면 금화의 무게를 줄이거나 디플레이션을 예방할 다른 조치를 취해야 하지. 안정화는 단지 인플레이션이나 디플레이션을 예방하는 것일 뿐이야. 당신들이 금 본위제를 옹호하는 근거는 금 본위제가 지폐 인플레이션으로부터 시민들을 보호해 준다는 데에 있어. 그러나 그런 금 본위제도 다른 종류의 인플레이션과 디플레이션으로부터 시민을 충분히 보호하지 못한다는 사실이 확인되는 순간, 당신은 그 상황을 바로잡기 위해 온갖 필요한 조치를 다 취하게 될 거야. 금 본위제를 포기하는 일이 있더라도 말이야."

금 본위제 문제의 해결책

그러나 만약에 금 본위제를 완화된 상태로라도 지켜나간다면, 그 바탕인 금뿐만 아니라 그 위의 신용 구조에 대한 관리가 완벽히 이뤄질 때까지 화폐 가치의 안정은 절대로 성취되지 않을 것이다.

금 관리를 위해 제안된 계획 중에서 이해가 가장 쉬운 것은 몇 몇 경제학자, 특히 남아프리카 공화국의 R. A. 레흐펠트 교수가 제안한 계획이다. 이 계획은 간단히 국제연맹 같은 기구를 통해 세계 각국의 정부들이 금광을 관리하도록 하자는 내용이다. 이 계획이 제시하는 정책은 이렇다. 금이 세계의 비즈니스에 필요한 신용 구조를 떠받치는 데 필요한 양보다 지나치게 적으면, 그때는 세계 각국이 손해를 보는 상황에서도 금을 생산해야 한다. 반대로 금이 지나치게 많을 때에는 금의 생산을 줄여야 할 것이다.

비즈니스에 필요한 실제 금의 양을 측정하는 문제라면, 연방 준비제도 이사회와 비슷한 특성을 지닌 국제 기관이 이익 동기 만을 추구하는 금광 소유자나 운영자보다 훨씬 더 정확히 측정할 게 틀림없다.

또 다른 계획은 『달러 안정화』라는 책에서 그 문제를 다룬 나를 포함한 몇몇 경제학자들이 제안한 것이다. 이 계획에 따르면, 금 생산에 따라 달러의 무게가 변하도록 할 것이다. 그러면 금은 지금처럼 자연적인 가치를 따를 것이지만 달러는 구매력을 일정하게 유지할 것이다. 금은 '금괴 달러 증서'의 형식으로만 유통될 것이다. 100달러 증서는 태환하는 시점에 100달러에 해당하는 무게의 금괴로 바뀔 것이다. 달러의 구매력을 언제나 똑같이 유지하기 위해, 이 무게는 지수를 이용해서 정기적으로 바뀔 것이다. 이런 계획은 시계에 쓰이는 "보정 진자"(補整振子)(compensated pendulum)에서 이름을 따서 "보정 달러'(compensated dollar)라 불린다.

이 계획은 골즈버러 법안(Goldsborough Bill)을 통해 미국 의회에 제안되었으며, 이 법안을 놓고 청문회가 폭넓게 이뤄졌다. 이와 매우 비슷한 계획인 노스 다코타의 다나 티네스(Dana Tinnes)의 계획은 버트니스 법안(Burtness Bill)을 통해 제안되었다. 티네스의 계획은 정부 공채의 구입과 매각을 통해서 달러의 금 무게를 매일 조정하자고 제안하고 있다.

레흐펠트의 계획이 채택되든 보정 달러 계획이 채택되든, 아니면 다른 형태의 계획이 채택되든 그건 별로 중요하지 않다. 달러 가치의 안정이라는 목표를 이룰 수만 있다면 어떤 계획이든 좋다.

금 관리를 대체할 수 있는 유일한 대안은 금 본위제의 완전 포기인 것 같다. 그런 다음에 존 메이너드 케인스를 비롯한 몇몇 전문가들이 제안하는 "관리 통화"를 채택하거나 모든 화폐에 대해 물품으로 바꿀 권리를 부여하는 방법으로 통화 가치의 안정을 꾀해야 한다. 달러를 물품으로 '태환'하는 계획은 미국 캘

리포니아 대학(UC)의 길버트 루이스(Gilbert Lewis) 교수에 의해 다듬어졌다.

그렇다면 불가피하게 닥쳐 올 금 문제를 해결하는 방법이 적어도 3가지는 된다는 말이다. 첫째, 금광을 사적 이익 대신에 공적 서비스를 추구하는 쪽으로 운영하면서 관리하는 방법이 있다. 둘째, 달러 가치의 변화에 따라 골드 달러나 다른 화폐 단위의 무게에 변화를 주는 방법이 있다. 셋째, 금 본위제를 완전히 포기하고 그 대신에 달러를 물품으로 '태환'하거나 관리 통화에 의존하는 방법이 있다.

정부의 책임

이 3가지 방법 모두는 정부의 조치를 요구한다. 정부가 길이와 무게, 양, 전기를 비롯한 모든 척도의 기준을 정하고 고정시킬 수 있으면서도 현재 무게의 한 단위에 지나지 않는 달러 대신에 가치의 표준적인 단위를 확고히 정하지 못한다고 단정하는 것은 말이 되지 않는다. 달러의 무게는 1837년에 고정되었으나, 달러의 가치는 그 뒤로 "자동적으로" 움직이도록 내버려둔 상태이다. 그래서 달러의 가치는 금 채굴과 금융 시스템에 일어나는 모든 변화에 따라 움직이고 있다. 그 결과는 앞에서 살핀 바와 같이 비극적이다. 정치인들이 가치를 측정하는 단위가 변동하는 탓에 일어나는 이런 비극적인 결과를 명쾌하게 이해하기만 하면 그 즉시 이 결점을 바로잡기 위한 행동을 취할 것이라고 기대해도 좋을 것이다.

불안정한 달러에 대한 책임을 묻는다면, 그 대상은 당연히 정부가 되어야 한다. 달러를 안정시키는 임무를 태만히 했다는 측면에서도 그렇고, 달러가 변동하는 데에 일조를 하고 있다는 측면에서도 그렇다. 전시의 경우에 이 같은 지적이 옳다는 데에는 아무도 이의를 달지 않을 것이다. 여기서 전쟁 자체를 피하지 않고 전시의 인플레이션을 피할 수 있는지 여부를 놓고 따질 필요는 없다. 평시에도 정부는 금융법의 변화를 통해서 화폐 가치에 영향을 미치고 가끔은 금융 정책의 변화를 통해서 화폐 가치에 영향을 미치고 있으니, 전시에 대해서는 말할 필요조차 없다. 심지어 정부는 재정을 통해서도 화폐 가치에 영향을 미치고 있다. 정부 자체가 부채를 안고 있는 경우에 정부의 책임은 더욱 커진다. 수십 억 달러를 빌린 다음에 달러의 가치를 떨어뜨리는 것은 절대로 공정한 도박이 아니다. 그것은 도박판의 카드 자체를 바꿔치기하는 것이나 마찬가지이다.

중앙이나 주, 지방을 따질 것 없이 정부가 도덕적 책임을 져야 한다는 사실을 뒷받침하는 또 다른 증거는 정의를 구현하게 되어 있는 많은 법적 조항들이 안정적인 화폐를 전제조건으로 하고 있다는 사실에 있다. 왜냐하면 안정적인 화폐를 갖추지 못한 상태 자체가 실제로 불공평을 낳기 때문이다.

나는 1917-1920년에 수탁자들에게 공채에 대한 투자를 피하라고 촉구했다. 그때 많은 수탁자들이 공채에 투자하도록 법으로 정해져 있다고 대답했다. 그렇다면 정부가 미망인과 고아들의 재산을 안전하게 지키겠다는 선의를 품고 있음에도 불구하고 수탁자들이 그와 정반대 결과를 낳는 쪽으로 투자를 하도록 강요하고 있다는 사실이 확인된다.

옛날에는 왕들과 권세가들의 비양심적인 정부들이 채권자들을 속이기 위해 영토 내에서 통용되는 주화의 가치를 떨어뜨리곤 했다. 그러나 현대의 정부들이 자행하고 있는 화폐 가치의 하락은 거기에 사악한 의도가 없다 할지라도 실제로 벌어진 결과를 보면 옛날의 비양심적인 정부보다 훨씬 더 악질적이다.

신탁 계정에 들어 있는 돈의 원금 중 4분의 3이 인플레이션에 의해 어떤 식으로 증발되어 버리는지에 대해서는 앞에서 이미 보았다. 그런데도 법의 눈으로 보면 여전히 원금은 전혀 훼손되지 않은 상태로 남아 있는 것처럼 보인다. 만약에 그런 문제에 직접적으로 연결되어 있는 사람들, 말하자면 수탁자들과 변호사, 입법자, 수익자들이 이 문제의 실상을 분명하게 볼 수만 있다면, 그들은 실소를 금치 못할 것이다.

신탁만 그런 것이 아니다. 저축은행과 보험회사도 고객의 돈을 안전하게 지키고 보호하겠다는 뜻으로 마련된 법적 규제의 적용을 받는다. 그러나 저축은행과 보험회사도 화폐가 안정되지 않은 가운데서는 고객의 돈을 안전하게 지킨다는 목적을 절대로 달성하지 못하며 종종 정반대의 결과를 낳기도 한다. 현실이 이렇다면, 정부는 불안정한 화폐로 국민들에게 피해를 안기고 있을 것이 아니라 원래의 목적을 달성하는 데 필요한 아이디어를 찾아야 하는 것이 아닌가?

마찬가지로 철도 요금이나 공공 요금을 책정해 고정할 때에도, 정부는 그런 조치가 주주나 대중에게 실제로 끼치는 영향에 대해 책임을 져야 하는 것이 아닌가? 최저 임금이나 벌금, 위약금 등을 책정하는 일에 대해서도 똑같은 물음을 던질 수 있어야 할 것이다.

마지막으로, 정부가 국민들 사이에 계약으로 인해 발생하는 의무들을 보호하는 것을 목표로 잡고 있다는 사실에 대해서도 주목할 필요가 있다. 미국 헌법은 주 정부들이 계약에서 정한 의무들을 훼손시키는 것을 분명히 금지하고 있다. 그린백을 발행하기로 한 결정은 연방 정부가 계약의 의무를 기술적으로 훼손시킬 권리를 갖는다는 점을 은근히 드러내고 있는 것이 사실이다. 그러나 연방 정부가 그렇게 할 도덕적 권리를 전혀 갖고 있지 않다는 점에 대해서는 아무도 이의를 달지 않고, 또 그런 백 시대의 계약은 기본적으로 연방 정부에 의해 훼손되었다는 점을 아무도 부정하지 않는다.

가장 근본적인 정의(正義)는 계약에서 구현된다. 정부는 계약에서 정의의 원칙이 실현되도록 하겠다는 취지에서 수탁자들과 공익 사업을 규제하고, 요금을 정하고, 투자를 규제하고, 다양한 분야에서 안정적인 화폐가 존재한다는 이론에 입각하여 활동하면서도 엉뚱하게 취지와 반대되는 결과를 낳고 있다.

새로운 헌법 조항 같은 것은 필요하지도 않다. 미국에는 의회가 화폐의 "가치를 고정시키는" 권한을 갖는다는 조항이 이미 있다.

특별한 화폐이론도 전혀 필요하지 않다. "화폐수량설" 같은 것을 믿지 않는 사람들조차도 이 장이나 앞 장에서 소개된 모든 제안은 적어도 달러 안정화에 기여할 것이라는 점을 인정할 것이다.

새로운 원칙도 전혀 필요하지 않다. 길이나 무게, 부피 따위를 측정하는 도구가 개발되는 즉시, 각 단위를 고정시키고 안정시키는 작업이 따랐다. 그런데 유독 화폐 단위 하나만 안정시키지 못하고 있는 데 대해선 어떤 변명도 통하지 않을 것이다. 왜냐하면 예전에는 몰라도 지금은 화폐 단위를 측정하고 고정시킬 수 있는 도구인 지수를 확보하고 있기 때문이다.

지금 당장 적어도 가치 단위를 안정시키는 작업을 시작할 수 있을 것이다. 가치 단위 외의 다른 모든 단위도 처음에는 아주 엉성하게 고정되었다. 야드는 부족 족장의 허리둘레(girth)로 정하며 처음에 "거드"(gird)라 불리기도 했다. 그 다음에 야드는 헨리(Henry) 1세 영국 왕의 팔 길이로 정해졌고, 이어 쇠막대기의 길이로 정해졌다. 지금 1야드는 통계국 안에서 어떤 일정한 온도에서 보관되고 있는 특별한 금속 막대기의 길이인, 1미터에 조금 못 미치는 길이를 뜻한다.

지금 만약에 "거드"로 되돌아간다면, 만약에 야드가 미국 대통령의 허리둘레로 정해진다면, 그 같은 조치 앞에서 사람들은 과연 어떤 반응을 보일까? 야드로 장사를 하던 카펫 판매상이 태프트(William Howard Taft) 행정부 때 계약을 해놓고 그 계약을 현 행정부에 와서야 이행한다면, 사람들이 어떻게 생각할까?

그럼에도, 이런 일에 따른 불공평은 상거래의 바탕이 되는 달러 가치의 하락으로 겪는 불공평에 비하면 아무것도 아니다.

요약

지금까지 달러 안정화 문제를 분석하면서 얻은 결실은 다음과 같다.

(1) 불안정한 화폐를 어떻게 해결할 것인가 하는 문제는 가장 중요한 문제 중 하나이다.

(2) 불안정한 화폐라는 문제는 그 동안 화폐 착각 때문에 거의 간과되어 왔다.

(3) 모든 사람들이 외국 화폐보다 자국 화폐와 관련해 착각을 더 많이 일으키기 때문에, 화폐 착각은 그만큼 더 심각하다.

(4) 화폐 착각이 사람들의 관점을 왜곡한다. 그래서 상품의 가치가 거의 변하지 않고 그대로 있을 때에도 상품의 가치가 오르거나 내리는 것처럼 보인다. 또 임금이 실제로 떨어지고 있을 때에도 마치 오르고 있는 것처럼 보이고, 실제로 손실이 일어나고 있을 때에도 마치 이익이 일어나고 있는 것처럼 보이고, 이자가 전혀 발생하지 않고 있을 때에도 마치 이자가 절약에 대한 보상으로 주어지고 있는 것처럼 보이고, 소득이 일정하지 않을 때에도 마치 일정한 것처럼 보이고, 공채에 대한 투자가 단지 금에 대한 투기에 지나지 않는데도 마치 안전한 투자인 것처럼 보인다. 화폐 착각은 또 무게 단위가 마치 가치 단위처럼 보이

게 만든다. 화폐 착각은 소위 말하는 경기 순환의 주요 원인을 가려버린다. 화폐 착각이 작용하고 있기 때문에, 정부의 재정가들은 국민들에게 부담을 더 많이 안길 불건전한 재정 정책을 채택하면서도 건전한 재정 정책을 채택했을 때보다 불평을 덜 들을 수 있다. 화폐 착각은 또 "이익을 추구하는 사람들"과 "대금업자"에게 부당한 비난이 쏟아지도록 만든다. 무엇보다, 화폐 착각은 화폐 안정화의 필요성을 숨김으로써 화폐 안정화 노력을 방해한다.

(5) 현재처럼 달러를 금의 무게를 기준으로 고정시키는 것은 가치나 구매력을 기준으로 고정시키는 방법의 대용으로 아주 형편없는 방법이다.

(6) 지수를 바탕으로 측정하면, 달러의 가치는 1865년부터 1920년 사이에 거의 4배나 올랐다가 다시 원위치로 떨어졌다.

(7) 달러의 변동 대부분은 달러가 골드 달러일 때(1879-1922) 일어났다.

(8) 그 변동은 대개 평화시의 변동이었다. 대부분의 변동은 미국이 평화를 유지하고 있는 동안(1879-1898년, 1899-1917년, 1918-1922년)에 일어났으며 다른 대륙에서도 큰 전쟁이 벌어지지 않는 동안(1879-1914년, 1918-1922년)에 일어났다.

(9) 이 같은 변동은 그 자체로 심각한 일임에도 유럽의 천 배,

백만 배, 십억 배, 조 배의 변동 앞에서 그 중요성을 잃는다.

(10) 달러가 오르거나 떨어지는 원인은 화폐의 인플레이션이나 디플레이션이다. 또 인플레이션 혹은 디플레이션은 언제나 절대적이기도 하기 때문에, 인플레이션 혹은 디플레이션이 오직 상대적이라는 말은 쓸데없는 말이다.

(11) 인플레이션이나 디플레이션의 원인들을 보면, 화폐의 극단적인 변동은 주로 인위적이다. 말하자면 금융 정책이나 입법뿐만 아니라 정부의 재정, 특히 전쟁 재정 때문에 일어난다는 뜻이다. 또 부분적으로 금광의 발견이나 고갈, 야금 기술의 변화 등으로도 인플레이션이나 디플레이션이 일어난다.

(12) 화폐의 엄청난 변동은 시민들에게 엄청난 피해를 안긴다. 흔히 쓰는 자의 기준이 늘어났다가 줄어들었다가를 반복한다고 가정할 경우에 시민들이 얼마나 큰 피해를 입겠는가. 화폐 가치에 나타나는 변동은 그보다 훨씬 더 큰 피해를 안긴다. 그 이유는 다음과 같다.

(a) 화폐의 기준은 훨씬 더 폭넓게 쓰인다.
(b) 화폐의 기준은 시간이 걸리는 계약에 훨씬 더 많이 쓰인다.
(c) 화폐의 기준을 늘리고 줄이는 것은 눈에 보이지 않는다.

(13) 이 피해에는, 폴에 주기 위해 피터에게서 끊임없이 돈을 빼앗는 행위도 포함된다. 미국에서만 6년 동안 이런 식의 강탈로 빼앗긴 돈이 자그마치 60억 달러에 달한다. 피터 같은 사람들이 피해를 입은 금액과 폴 같은 사람들이 챙긴 금액을 모두 반영하면 순 손실이 일어난다. 금융과 상업과 산업의 관계에 팽배한 혼동과 불확실성도 이 피해에 해당한다. 이 혼동과 불확실성이 불황과 파산, 실업, 노동 불만, 파업, 공장 폐쇄, 계급 감정, 볼셰비즘과 폭력 등을 낳으니 말이다.

다음에 열거하는 현상의 바닥에도 불안정한 화폐가 자리하고 있으며 그 현상을 부분적으로 설명해준다.

(a) 미국 서부 지역 농민들의 불만. 이것은 디플레이션에 대한 반발이다.

(b) 공공요금을 둘러싼 법률적 논쟁. 뉴욕 지하철 요금 5센트를 둘러싸고 벌어진 논란이 대표적인 예이다.

(c) 프랑스의 프랑화 문제.

(d) 영국의 불황 문제와 미국의 가벼운 불황 문제.

(e) 새로운 직업으로 투자 상담이 등장하고 또 투자 신탁이 인기를 끄는 현상.

(14) 개인으로서 우리는 회계를 안정적인 달러로 바꾸고, 달러의 가치를 예측하고, 투자 상담을 활용하고, 공채 투자를 지나치게 많이 하지 않고, 투자를 다양화하고, 지수를 교정 수단으로 활용함으로써 부분적으로 불안정한 화폐에 따른 피해를 막을 수 있다.

(15) 진정한 해결책은 신용 관리와 금 관리에서 찾아질 수 있을 것이다.

(16) 신용 관리와 금 관리의 선례가 있다. 특히 증권을 사거나 팔고 재할인율을 조정하는 미국의 연방준비제도의 정책과, 금의 활용을 효율적으로 하는 유럽 정부들의 정책에서 그런 예가 확인된다.

(17) 많은 경제학자들과 금융가들이 지금 실용적인 관점에서 그 문제를 연구하고 있다.

(18) 화폐의 안정화 문제는 새로운 형태로 나타난 옛날의 문제이다. 말하자면 기존의 기준보다 더 정확한 측량 기준을 확보하는 문제인 것이다. 지금도 여전히 불안정하게 남아 있는 것은 달러와 달(月)뿐이다.

결론

　지금 코앞에 닥친 일은 달러의 안정과 가장 관계가 깊은 사람들, 이를테면 기업가들과 금융가들이 달러 안정화에 관한 연구를 열심히 펴는 것이다.

　달러의 안정을 위해 취할 수 있는 방법들은 이미 잘 알려져 있다. 하지만 그 중에서 가장 적절하고 가장 훌륭한 것을 선택하는 문제가 남아 있다. 또 달러의 가치를 수시로 측정하는 데 사용할 지수를 어떤 것으로 할 것인지도 결정해야 할 문제이다.

　이 문제들은 학자들에 의해서는 절대로 완벽하게 풀리지 않을 것이다. 금융가들과 기업가들은 자신들이 주도적인 역할을 맡을 수 있는 그런 정책만 받아들일 것이다.

　이 책의 목적은 어떤 명확한 해결책을 제시하는 데 있는 것이 아니라 독자 여러분에게, 특히 기업가들에게 문제의 실상을 명확히 보여주는 데에 있다. 여기 독자 여러분과 해결을 바라는 모든 사람들에게 결정적으로 중요한 문제가 하나 있다. 그 문제를 당신은 어떻게 다룰 것인가? 만약에 제안된 계획을 모두 거부한다면, 당신은 그 문제를 나름의 방식으로 풀기 위해 어떤 조치를 취할 것인가?

　이 책이 꾀할 수 있는 것은 그 문제를 해결하고 싶다는 소망을 자극하는 것뿐이다. 경험에 비춰보면, 기업가들은 한번 마음을 바꾸고 나면 거기서 벗어나지 않으려 하는 것 같다. 어떤 친구는 기업가들의 그런 성향을 이렇게 표현했다. "한번 안전 희구 세력이 되면 영원히 안전을 추구하려 든다." 그렇기 때문에 많은 사람들이 그 문제를 직시하도록 만드는 책임은 그 문제와 그 문제의 중요성을 볼 줄 아는 소수의 사람들이 져야 한다.

그 문제는 모든 사람에게 적용되는 문제이다. 지금 이 대목을 읽고 있는 독자 여러분에게도 적용되는 문제이다. 특히 저축을 하거나 투자를 할 때, 돈을 빌리거나 빌려줄 때, 생명보험에 가입할 때, 재산을 자녀들에게 물려줄 계획을 짤 때, 그 문제는 대단히 중요해진다. 그 문제는 곧 당신이 직장을 상실한다는 의미일 수도 있고 당신의 이익이 사라진다는 의미일 수도 있다. 당신이 스스로 그 문제를 피하려고 노력하지 않으면, 다른 어느 누구도 당신을 대신해 주지 못할 것이다. 그러면 불행을 일으키는, 술 취한 달러가 언제나 당신과 함께할 것이다. 모든 사람에게 책임이 있는 일에는 아무도 열심히 나서지 않는다는 속담 그대로 모든 사람이 그 문제의 해결을 다른 사람에게 떠넘기는 한, 문제는 절대로 바로잡아지지 않는다.

이제 달러를 안정시키는 중대한 의무를, 아무도 책임을 지지 않는 현재의 상태에서 누구나 명확히 책임을 지려 드는 그런 상태로 바꿔놓아야 한다.

 지난 몇 년 사이에 엉성하나마 달러를 안정시키려는 노력이 시작되었다는 사실은 여러분에게나 나에게나 이미 대단한 중요성을 지닌다. 그런 노력은 알게 모르게 이미 국가의 수입에 많은 것을 보탰을 것이며, 개인적인 불공평을 예방하는 안전장치로서의 역할을 했을 것이다. 우리 모두는 화폐 안정화를 통해 이점을 누리고 그 이점을 더욱 키워가길 원한다. 화폐의 안정화는 우리의 경제생활에 새로운 시대를 열고 있다.

 물론 안정적인 화폐가 기업 활동에 일어나는 모든 문제를 치료하는 만병통치약은 아니다. 안정적인 부셸 바구니가 만병통치약이 아닌 것과 똑같다. 그럼에도 안정적인 화폐는 사회적 불공평과 사회적 불만, 사회적 비효율성을 완화시키는 외에도 착각에 휘둘리지 않고 사실들을 보다 쉽게 직시하도록 함으로써 다른 중요한 문제들을 푸는 데에도 간접적으로 도움을 줄 것이다. 악으로 알려진 것들에 대한 공격을 확실한 근거를 바탕으로 전개하기 전에, 먼저 사실들을 발견하는 일이 선행되어야 한다. 그런데도 변동하는 달러가 사실들을 대책 없이 숨기고 있다. 변동하는 달러가 대중의 눈을 가리고 있다. 민주주의 정부에서 대중은 그런 악을 치유할 방법을 찾을 의무를 져야 하는데도 말이다. 변동하는 달러는 우리 모두를 무지 속에 살도록 만든다. 반면에 안정된 달러는 사실들이 우리 눈앞에 고스란히 드러나도록 할 것이다.

안정적인 화폐가 직, 간접적으로 사회 정의를 상당히 성취해 내고 또 산업적, 상업적, 재정적 문제의 해결을 앞당길 것이란 말도 전혀 과장이 아니다. 화폐 안정화보다 더 중요한 개혁이 몇 가지 있다고 나는 믿는다. 그러나 순수하게 경제적인 개혁에 대해 말하자면, 나의 의견엔 화폐 안정화가 가장 중요한 개혁이다. 정말로 안정된 화폐 단위를 갖게 될 때, 일찍이 보지 못한 그런 경제적 혜택을 누리게 될 것이다.